Standard Deutsch 10

Das systematische Lernbuch

Arbeitsheft

Erarbeitet von

Annette Brosi
Christian Fritsche
Christiane Robben
Toka-Lena Rusnok

Inhaltsverzeichnis

Lösungen Standard Deutsch 10 Arbeitsheft

SEITE 4

1 a) *So könnte deine Lösung lauten:*
Überschrift M1: Essen als Medizin
Überschrift M2: Functional Food: Täuschung oder Innovation?

SEITE 6

2 *So könnte deine Lösung lauten:*
Das Diagramm zeigt, welche Produkteigenschaften Functional Food haben sollte, um für die Konsumenten interessant zu sein. So ist die Kaufbereitschaft der Konsumenten bei Lebensmitteln, die das Immunsystem stärken, mit 56 % deutlich höher als bei Produkten, die für ein jüngeres Erscheinungsbild der Haut sorgen (27 %) oder den Hormonhaushalt ausgleichen sollen (19 %).

SEITE 7

3 a)
Thema: Functional Food/Adressaten: (jüngere) Schüler/innen/Schreibziel: Informationsmappe

3 b) *So könnte deine Lösung lauten:*
Was ist Functional Food? Wie wird Functional Food hergestellt? Warum kaufen Konsumenten Functional Food? Warum wird Functional Food produziert? Welche gesetzlichen Regelungen gibt es in Bezug auf Functional Food? Wie wirksam ist Functional Food? Welche Kritik gibt es an Functional Food? Welcher Umgang mit Functional Food ist möglich?

SEITE 8

1 a) bis **c)** *So könnte deine Lösung lauten:*

W-Fragen	Stichworte	Material und Zeilenangaben
Was ist Functional Food?	– „Speisen mit Zusatznutzen"	M1, Z. 66
	– ~~Lebensmittel mit bestimmten Vitaminen oder Mineralien~~	vgl. M1, Z. 45
	– verschiedene Lebensmittel, die z. B. den Cholesterinspiegel senken oder beim Abnehmen helfen	vgl. M1, Z. 61 / vgl. M1, Z. 65
	– ~~Produkte, die „Gesunde gesünder machen"~~	M1, Z. 59
Wie wird Functional Food hergestellt?	– Produkt wird nach Vorgaben hergestellt (z. B. Joghurt)	vgl. M2, Z. 19
	– ~~kein Geschmacksunterschied~~	vgl. M2, Z. 25
	– Test an Versuchspersonen	vgl. M1, Z. 24
	– Wirkung wird medizinisch geprüft	vgl. M1, Z. 36 f.
Warum kaufen Konsumenten Functional Food?	– Konsumenten glauben den Gesundheitsversprechen	vgl. M2, Z. 21 f.
	– Konsumenten haben Interesse an Functional Food	
	– Hoch im Kurs: Stärkung des Immunsystems, Energiesteigerung, Förderung von Gehirnfunktion und Gedächtnis	vgl. M3
	– ~~weniger gefragt, z. B.: Ausgleich Hormonhaushalt~~	
Warum wird Functional Food produziert?	– Lebensmittelhersteller hoffen auf besseren Absatz	vgl. M1, Z. 65 f.
Welche gesetzlichen Regelungen gibt es in Bezug auf Functional Food?	– ~~„Health Claims"-Verordnung~~	vgl. M1, Z. 31
	– Nutzen muss wissenschaftlich belegt sein	vgl. M1, Z. 41 f.
	– ~~Regelwerk 1924/2006~~	
	– seit 2006 Antrag bei Behörde für Lebensmittelsicherheit	
	– Experten checken Heilsversprechen	vgl. M1, Z. 41
Wie wirksam ist Functional Food?	– ~~„Bilanz verheerend"~~	M1, Z. 43
	– bei 80 Prozent kein Nachweis	vgl. M1, Z. 43
	– schlechte Bilanz für Hersteller	vgl. M1, Z. 46
	– ~~Wirkung der Vitamine und Mineralien lässt sich nicht zweifelsfrei nachweisen~~	
	– Gesundheitseffekte „schwer zu belegen"	M1, Z. 55
Welche Kritik gibt es an Functional Food?	– „Functional Food" ist eine Täuschung", „reiner Marketing-Trick" (Bode)	M2, Z. 11 u. 16
	– „Gesunde Menschen brauchen das nicht"	M2, Z. 13 f.
	– Konsumenten sind machtlos	vgl. M2, Z. 33
Welcher Umgang mit Functional Food ist möglich?	– Konsumenten haben Interesse an guter Qualität (Bode)	vgl. M2, Z. 34
	– Konsumenten sollten Qualität auch prüfen können	vgl. M2, Z. 35 – 37

3 a)
Für den Verbraucherschützer Thilo Bode ist Functional Food eine „Täuschung" (M2, Z. 11) und nur ein „Marketing-Trick" (M2, Z. 16). Seiner Meinung nach benötigen gesunde Menschen solche Lebensmittel nicht (vgl. M2, Z. 13 f.).

3 b) *So könnte deine Lösung lauten:*
Mit „Functional Food" werden „Speisen mit Zusatznutzen" (M1, Z. 66) bezeichnet, die die Gesundheit fördern sollen. Joghurt, Margarine oder besondere Drinks sollen einem helfen, sich noch gesünder ernähren zu können (vgl. M1, Z. 61–65). Diese Lebensmittel werden nach Vorgaben hergestellt und dann an Versuchspersonen getestet. Die Wirkung wird dabei medizinisch geprüft (vgl. M1, Z. 19–28). Umfragen haben ergeben, dass viele ein Produkt ausprobieren würden, das z. B. die Gesundheit stärkt oder die Energie steigert (vgl. M3). Laut Meinung des Verbraucherschützers Thilo Bode glauben die meisten Menschen auch, dass diese Lebensmittel eine gute Wirkung auf ihre Gesundheit haben (vgl. M2, Z. 21 f.). Dies machen sich die Lebensmittelhersteller zunutze, denn sie hoffen dadurch noch mehr Produkte verkaufen zu können (vgl. M1, Z. 65 f.). Allerdings müssen die Hersteller seit 2006 beweisen, dass ihre Gesundheitsversprechen tatsächlich gehalten werden. Die europäische Behörde für Lebensmittelsicherheit prüft, ob die Lebensmittel auch die Gesundheit fördern (vgl. M1, Z. 31–42). Bisher konnten die meisten Hersteller ihre Versprechen nicht halten (vgl. M1, Z. 43–46). Es ist auch sehr schwer, eine solche Wirkung zu belegen (vgl. M1, Z. 55). Auch der Verbraucherschützer Thilo Bode ist von „Functional Food" wenig überzeugt. Es sei eine „Täuschung" und nur ein „Marketing-Trick" (M2, Z. 11 u. 16). „Gesunde Menschen brauchen das nicht", so Bode (M2, Z. 13 f.). Er kritisiert, dass viele Menschen machtlos seien, aber eigentlich Interesse an guter Qualität hätten. Deswegen sei es wichtig, dass jeder, der einkauft, die Qualität auch prüfen könne (vgl. M2, Z. 34–37).

4 a)
3 In jedem Supermarkt sind heutzutage Speisen mit Zusatznutzen im Angebot …
1 Wer regelmäßig einkaufen geht …
4 Habt ihr auch schon einmal im Supermarkt gestanden …
2 Einkaufen und gleichzeitig etwas für die Gesundheit tun?

4 b) *So könnte deine Lösung lauten:*
Habt ihr schon einmal im Supermarkt gestanden und ein Produkt in der Hand gehalten, das euch gesünder machen soll? Hat es euch zum Kauf verleitet, oder habt ihr es gleich wieder zurück ins Regal gestellt?

4 c)
A Vermutlich wird Functional Food auch in der Zukunft eine große Rolle spielen …
E Jede Verbraucherin/Jeder Verbraucher kann darauf achten …
F Lebensmittel sollten insgesamt stärker kontrolliert werden …

4 d) *So könnte deine Lösung lauten:*
Vermutlich wird Functional Food auch in Zukunft eine große Rolle spielen. Es bleibt abzuwarten, ob die Verbraucherinnen und Verbraucher kritischer werden und nicht allen Versprechen glauben.

5 *So könnte deine Lösung lauten:*
Kauf dich gesund?

1 a) *So könnte deine Lösung lauten:*

… Seit 2006 wird geprüft, ob gesundheitsfördernde Lebensmittel tatsächlich ihre Versprechen halten. Lebensmittelhersteller können sich an eine europäische Behörde wenden. Sie können dort einen „Health Claim" bekommen (vgl. M1, Z. 38). Die Behörde entscheidet, ob die Lebensmittel tatsächlich gut für die Gesundheit sind (vgl. M1, Z. 39–42). Es ist allerdings schwierig, eine gesundheitsfördernde Wirkung auch nachzuweisen, denn es muss schließlich bewiesen werden, dass Gesunde noch gesünder werden können (vgl. M1, Z. 54–60).	Wiederholung! Sätze können verbunden werden
Die Untersuchungen haben bisher ergeben, dass die meisten Werbebotschaften ihre Versprechen nicht halten (vgl. M1, Z. 43–46)! Diese Meinung hat auch der Verbraucherschützer Bode, der Functional Food kritisiert (vgl. M2, Z. 43–46).	umgangssprachlich formuliert
Trotzdem könnten laut Bode viele Supermärkte mit Apotheken verglichen werden, in denen man Lebensmittel wie Medikamente anbietet (vgl. M1, Z. 61).	umgangssprachlich formuliert

1

In Deutschland ...	richtig	falsch
... hat der Absatz von Fair-Trade-Produkten eine steigende Tendenz.	x	
... ist der Verkauf von Fair-Trade-Produkten auf Kaffee, Tee und Bananen beschränkt.		x
... zeigt das starke Interesse an Fair-Trade-Produkten nach Meinung von Experten, dass Verbraucher mehr Verantwortung übernehmen wollen.	x	
... werden deutlich weniger Fair-Trade-Produkte verkauft als in der Schweiz oder in England.	x	
... werden in etwa so viele Fair-Trade-Produkte verkauft wie in England und in der Schweiz.		x

2
Laut Meinung von Experten sorgt nicht der Absatz, sondern das wachsende Interesse für Fair-Trade-Produkte dafür, dass dieser Bereich immer wichtiger wird.

3 *So könnte deine Lösung lauten:*
teurer als konventionelle Produkte; gute Qualität; sorgen für gutes Gewissen; erkennt man am Fair-Trade-Siegel; bei der Herstellung werden ökologische, ökonomische, soziale Standards eingehalten; Herstellern wird Mindestpreis gezahlt; keine Kinderarbeit; unterstützen soziale Projekte und Aufbau der Infrastruktur; verbessern Lebens- und Arbeitsbedingungen von rund 1,2 Millionen Kleinbauern und Arbeiter in rund 60 Ländern nachhaltig; faire Teilnahme am Geschäft; gerechte Verteilung des Gewinns; Verantwortung

4
Unternehmen in Zukunft von fairem Handel abhängig

5 a) und **b)**

Sprachliches Mittel	Beispiel aus dem Text mit Zeilenangaben
Einsatz der wörtlichen Rede	[...] dennoch „handelt es sich immer noch um einen Nischenmarkt", sagt Falk. (Z. 15–16)
Verwendung besonders langer Sätze	Es hat viel mit der Verbreitung in den Supermärkten dieses Landes zu tun, dass das Geschäft mit der Gerechtigkeit in Deutschland besser funktioniert und dass es, glaubt man den Experten, ein enormes Wachstumspotenzial besitzt:" (Z. 26–29)

6

Bettina Willmann ...	richtig	falsch
... ist der Meinung, dass Verbraucher mit dem Kauf von Fair-Trade-Produkten ausschließlich ihr Gewissen beruhigen wollen.		x
... vermutet, dass der Absatz von Fair-Trade-Produkten in Zukunft eher abnehmen wird.		x
... hat festgestellt, dass nur ein geringer Prozentsatz der deutschen Verbraucher beim Einkauf auf nachhaltige Produkte achtet.		x
... ist der Meinung, dass z.B. Umweltkatastrophen Verbraucher dazu bringen, mehr über Nachhaltigkeit nachzudenken.	x	
... ist der Meinung, dass Unternehmen in Zukunft immer mehr Fair-Trade-Produkte verkaufen, weil sie ihr Image verbessern wollen und es sich außerdem wirtschaftlich lohnt.	x	
... konnte ermitteln, dass der Begriff „Nachhaltigkeit" von fast allen Deutschen verstanden wird.	x	

7
Das Kurvendiagramm zeigt den Umsatz von Fair-Trade-zertifizierte Produkten von 1991–2011.
Kaffee und Tee gehören zu den ersten fair gehandelten Produkten.
2011 kauften die deutschen Verbraucherinnen und Verbraucher Fair-Trade-zertifizierte Produkte im Wert von 400 Millionen Euro.

1

1. zu Schreibanlass, Adressaten und Schreibziel passende Stichworte notieren,
2. passende W-Fragen notieren,
3. zu den W-Fragen Textstellen in M1 und M2 markieren,
4. einen Schreibplan erstellen,
5. den Hauptteil planen,
6. passende Stichwörter aus M1–M3 im Schreibplan notieren,
7. Zitate aus M1 und M2 im Schreibplan einplanen,
8. Hauptteil mit Hilfe der Planung ausformulieren,
9. Einleitung und Schluss formulieren,
10. Text überarbeiten

2

Der Text ...	richtig	falsch
... richtet sich an Leser/innen, die bereits gut über das Thema informiert sind.		x
... soll durch viele Fachbegriffe einen seriösen, glaubhaften Eindruck vermitteln.		x
... ist ein Beitrag für die Schülerzeitung.	x	
... richtet sich auch an Leser/innen, die wenig oder nichts über das Thema wissen.	x	
... ist ein Beitrag für eine Informationsmappe.		x
... sollte komplizierte Fachbegriffe vermeiden und in einer einfachen, verständlichen Sprache formuliert sein.	x	

3 a) *So könnte deine Lösung lauten:*

W-Fragen	Stichworte	Material und Zeilenangaben
Was sind Fair-Trade-Produkte?	– ökologische, ökonomische und soziale Standards werden eingehalten – angemessene Preise für Hersteller – Zuschüsse für soziale Projekte oder für funktionierende Wirtschaft	vgl. M1, Z. 33–38
Warum gibt es Fair-Trade-Produkte?	– 1,2 Millionen Kleinbauern und Arbeiter in rund 60 Ländern konnten Lebensbedingungen verbessern	vgl. M1, Z. 38–41
Welche Produkte werden fair gehandelt?	– Kaffee und Tee erste Produkte – heute auch viele andere Produkte, z. B. Baumwolle oder Fußbälle	vgl. M1, Z. 11–13 u. M3
Warum kaufen Menschen Fair-Trade-Produkte?	– sind häufig mit Schreckensnachrichten konfrontiert – Verbraucher wollen auf Fairness achten (Willmann) – „Wenn die Menschen zu zertifizierten Waren greifen, spielt der Gedanke eine Rolle, die Welt ein bisschen zu verbessern."	vgl. M2, Z. 8–12 M2, Z. 14–16
Wie entwickelt sich der Verkauf von Fair-Trade-Produkten?	– Deutschland: 33 000 Geschäfte, 800 Weltläden, etwa 10 000 Produkte – immer mehr Menschen kaufen fair Gehandeltes – großer Unterschied zu Großbritannien: viel mehr fair gehandelte Produkte – in Zukunft mehr Fair-Trade-Produkte – Hersteller wollen auf Image achten	vgl. M1, Z. 14 vgl. M3 vgl. M1, Z. 20–21 vgl. M1, Z. 47–49 u. M2, Z. 30–32

3 b) *So könnte deine Lösung lauten:*

Fair-Trade-Produkte garantieren, dass gute Arbeitsbedingungen eingehalten werden, die Umwelt geschützt und z. B. auf Kinderarbeit verzichtet wird. Den Herstellern werden angemessene Preise gezahlt, außerdem gibt es Zuschüsse für soziale Projekte oder den Aufbau einer funktionierenden Wirtschaft (vgl. M1, Z. 33–38). Dadurch konnten bisher etwa 1,2 Millionen Kleinbauern und Arbeiter in rund 60 Ländern ihre Lebens- und Arbeitsbedingungen verbessern (vgl. M1, Z. 38–41). Kaffee und Tee gehören zu den ersten fair gehandelten Produkten. Mittlerweile kann man auch Baumwolle oder Fußbälle bekommen, die den Fair-Trade-Maßstäben entsprechen (vgl. M3). Nach Meinung der Psychologin und Handelsforscherin Bettina Willmann sind wir heute häufig mit Schreckensnachrichten konfrontiert, gegen die wir nichts unternehmen können. Deswegen wollen viele Verbraucherinnen und Verbraucher mit ihrem Einkauf etwas verändern und auf Fairness achten (vgl. M2, Z. 8–12). „Wenn die Menschen zu zertifizierten Waren greifen, spielt der Gedanke eine Rolle, die Welt ein bisschen zu verbessern" (M2, Z. 15–16), so Willmann. In Deutschland bieten 33 000 Geschäfte und 800 Weltläden etwa 10 000 Produkte aus fairem Handel an, und immer mehr Menschen kaufen fair Gehandeltes ein (vgl. M1, Z. 15–16 und M3). Seit 1991 betrug der Umsatz von Fair-Trade-Produkten 2,1 Milliarden Euro (vgl. M3). Trotzdem gibt es einen großen Unterschied zu z. B. Großbritannien, „wo einzelne Fair-Trade-Produktsparten Marktanteile von bis zu 30 Prozent erreichen" (M1, Z. 20–21). Nach Einschätzung von Bettina Willmann werden in Zukunft immer mehr ihre Produkte fair herstellen, da sie auf ihr Image achten wollen (vgl. M2, Z. 30–31). Die Verbraucher haben dabei einen wichtigen Einfluss: „die Menschen in Deutschland sind gegenüber Anbietern durchaus boykottbereit" (M2, Z. 31–32).

4 *So könnte deine Lösung lauten:*
Viele Verbraucherinnen und Verbraucher achten heute nicht mehr ausschließlich auf den Preis. Sie wollen wissen, woher die Produkte kommen oder wie sie hergestellt werden. Warum ist das so, und welche Folgen hat das für den Handel?

5 *So könnte deine Lösung lauten:*
Wer wieder einmal von einer Schreckensnachricht aufgeschreckt wurde und endlich etwas ändern möchte, kann mit Fair-Trade-Produkten einen Beitrag dazu leisten, dass sich z. B. die Arbeitsbedingungen von Menschen ändern.

SEITE 20

2 a)
ein fixer Kerl: ein kluger Junge
kleine Kuhlen: kleine Vertiefungen

2 b)
Schutt: Material, das bei zerstörten Bauwerken zurückbleibt (Steine, Sand, Geröll und anderes Baumaterial).
Die zusammengesackten Mauern: Mauern, die nicht mehr stehen, sondern in sich zusammengefallen sind.

3 *So könnte deine Lösung lauten:*
Ein neunjähriger Junge, der den verschütteten Leichnam seines jüngeren Bruders bewacht, wird von einem älteren Mann angesprochen. Der Mann erzählt von seinen Kaninchen und kann dem Jungen sein Geheimnis entlocken, warum er an dieser Stelle wacht. Der Mann gewinnt das Vertrauen des Jungen und bringt ihn dazu, sich wieder dem „Leben", einem Kaninchen, zuzuwenden.

SEITE 21

1 *So könnte deine Lösung lauten:*
„Das hohle Fenster in der vereinsamten Mauer" (Z. 1),
„steilgereckte Schornsteinreste" (Z. 2 f.),
„Schuttwüste" (Z. 3),
„zusammengesackte Mauern" (Z. 61),
„Unser Haus kriegte eine Bombe." (Z. 62)

2 a)
menschenleer und trostlos

2 b) *So könnte deine Lösung lauten:*
Das hohle Fenster in der vereinsamten Mauer gähnte blaurot voll früher Abendsonne. [...] Die Schuttwüste döste.
Stilmittel: Personifikation

2 c) *So könnte deine Lösung lauten:*
Die Personifikationen „das hohle Fenster [...] gähnte" (Z. 1), die „vereinsamte Mauer" (Z. 1) und „die Schuttwüste döste" (Z. 3) zeigen einen trostlosen und menschenleeren Schauplatz. Auch die Schornsteinreste zeigen, dass hier niemand mehr lebt oder wohnt.

SEITE 22

4 a) *So könnte deine Lösung lauten:*
Name: Jürgen / Alter: 9 Jahre/Aussehen: Haargestrüpp, etwas verwahrlost / Seine Aufgabe / Beschäftigung: bewacht den Leichnam des Bruders / Besonderheiten: gibt sich diese Aufgabe selbst und nimmt sie sehr ernst

Jürgen ist ein neunjähriger Junge, der in einer verlassenen Gegend einer ausgebombten Stadt auf den Leichnam seines verschütteten Bruders aufpasst. Der Bombenangriff fand an einem Samstag statt. Seither wacht der Junge. Er hat ein „halbes Brot" und Tabak bei sich. Er schläft nicht, da er den Bruder vor den Ratten beschützen will. Er wirkt etwas verwahrlost mit seinem „Haargestrüpp" und müde, aber er versucht tapfer, seine selbst auferlegte Aufgabe zu erfüllen. Dem Mann gegenüber ist er zunächst etwas misstrauisch, er lässt sich aber doch auf ein Gespräch ein.

Name: unbekannt / Alter: Es handelt sich um einen „alten Mann" / Aussehen: O-Beine, ärmliche Kleidung / Seine Beschäftigung: sucht Kaninchenfutter / Besonderheiten: nimmt sich Zeit für den Jungen, will ihn von seiner Aufgabe abbringen

Der alte Mann entdeckt den Jungen inmitten der „Schuttwüste". Er spricht ihn an und fragt, ob er hier schläft. Als der Junge antwortet, dass er aufpassen muss, wird der Mann neugierig. Der Mann ist ärmlich gekleidet, hat krumme Beine und trägt einen Korb und ein Messer bei sich. Er setzt sich und verwickelt den Jungen in ein längeres Gespräch. Er erkennt, dass der Junge seine Aufgabe sehr ernst nimmt und dass er ihn mit Anweisungen, Ratschlägen oder Befehlen nicht davon abhalten kann. Er nimmt den Jungen ernst und kann ihn dennoch auf die Kaninchen neugierig machen, von denen er erzählt. Die Bedenken des Jungen zerstreut er mit der Bemerkung, dass die Ratten nachts schlafen.

4 b) *So könnte deine Lösung lauten:*
Jürgen überwindet schnell sein Misstrauen. Der alte Mann hört dem Jungen aufmerksam zu und bringt ihn durch seine Spekulationen („Wohl auf Geld, was?", „Und du passt nun auf die Ratten auf?") zum Reden. Als er erfährt, dass Jürgen hier seinen toten Bruder bewachen will, versucht er, ihn aus dieser Situation herauszuholen, indem er ihm von seinen Kaninchen erzählt und so eine neue Aufgabe für Jürgen hat. Er kann ein Kaninchen geschenkt bekommen. Der Junge will sich nicht so einfach von seiner Aufgabe abbringen lassen, kann sich aber den Argumenten des Mannes („Nachts schlafen die Ratten doch") nicht entziehen. Die Hoffnung auf ein Kaninchen weckt neuen Lebensmut in ihm. Er freut sich auf die Aufgabe und möchte einen Kaninchenstall bauen.

SEITE 23

5 a) und **b)** *So könnte deine Lösung lauten:*
Ratten: Schmutz, Ekel, Vermehrung, Tod, Verwesung, Abfall, Zerstörung
Kaninchen: Vermehrung, Frühling, Ostern, Kuscheln, Haustier, Nahrung, Lebendigkeit, Fröhlichkeit

6 *So könnte deine Lösung lauten:*
Ratten sind nachtaktiv. Der Mann will Jürgen mit dieser Aussage von seiner Aufgabe abbringen. Er macht ihm klar, dass er nicht rund um die Uhr auf seinen Bruder aufpassen muss.

7 *So könnte deine Lösung lauten:*

Äußere Handlung	Innere Handlung
Das kann ich nicht sagen. Er hielt die Hände fest um den Stock.	Er will sein Geheimnis nicht preisgeben, aber es fällt ihm schwer, deshalb hält er sich am Stock fest. Es zeigt seine Entschlossenheit, sich nicht von seiner Aufgabe abbringen zu lassen.
Jürgen machte einen runden Mund.	Er ist sehr erstaunt.
Jürgen machte mit seinem Stock kleine Kuhlen in den Schutt.	Er denkt über die Aussage des Mannes nach. Er möchte ihr Glauben schenken und stellt sich die Kuhlen als Betten der Ratten vor.

SEITE 24

1 a) *So könnte deine Lösung lauten:*
Die zweimalige Verwendung von „doch" verdeutlicht, dass Jürgen sich selbst zu seiner Aufgabe zwingen will. Er würde gern der Einladung des Mannes folgen und die Kaninchen sehen, aber er hält eisern an seiner Aufgabe fest.

1 b) *So könnte deine Lösung lauten:*
„Immerzu?, fragte der Mann. Nachts auch? Nachts auch. Immerzu. Immer." (Z. 40 f.)
Die Wiederholung verdeutlicht, wie schwer die Aufgabe für den Jungen ist. Sie ist sehr belastend, da er sich rund um die Uhr dieser Aufgabe stellt, und dies schon seit Tagen.

1 c)
„<u>Nachts</u> schlafen die Ratten doch. <u>Nachts</u> kannst du ruhig nach Hause gehen. Nachts schlafen sie immer."

So könnte deine Lösung lauten:
Die Anapher vermittelt dem Jungen Gewissheit, dass er nachts nicht auf den Bruder aufpassen muss. Durch die Wiederholung prägt sich ihm der Sachverhalt ein, er scheint diese Wiederholung zu brauchen, denn wie an seinem Verhalten, dem Stochern, zu erkennen ist, braucht es eine Zeit, bis er diese Aussage annimmt, akzeptiert.

2 *So könnte deine Lösung lauten:*
Während die Anfangsszene grau und staubig wirkt und eher lebensfeindlich ist, bringt der Korb mit grünem Kaninchenfutter am Ende der Geschichte Farbe und damit Leben in die Szene. Das mehrfach genannte „Kaninchenfutter" (Z. 92) wird zum Sinnbild für einen neuen Anfang, neues Leben, auch wenn es „etwas grau" (Z. 93) vom Schutt bleibt.

3 *So könnte deine Lösung lauten:*
Es handelt sich in dieser Geschichte um einen Er-Erzähler. Zu Beginn der Geschichte erfahren wir ein wenig innere Handlung der Figur Jürgen: „Mit einmal wurde es noch dunkler. Er merkte, dass jemand gekommen war und nun vor ihm stand, dunkel, leise. Jetzt haben sie mich!" (Z. 5) Aber meist bleibt der Erzähler ganz neutral und beschreibt nur die äußere Handlung. Der Leser erlebt das Geschehen ähnlich wie in einem Film; er soll sich selbst Gedanken machen und nicht durch Urteile des Erzählers beeinflusst werden.

SEITE 25

1 *So könnte deine Lösung lauten:*
<u>Offener Beginn, offenes Ende:</u> Der Schauplatz wird am Anfang nur kurz beschrieben, es gibt keine genauen Angaben, wo und wann die Geschichte spielt. Das Ende bleibt ebenfalls offen. Der Leser erfährt nicht, ob Jürgen das Kaninchen bekommt, ob er seine Aufgabe aufgibt.
<u>Wende im Leben der Figur:</u> Jürgens Leben wird durch die Begegnung verändert. Er wendet sich wieder dem Leben zu und glaubt nicht mehr, den toten Bruder bewachen zu müssen.
<u>Nur ein Handlungsstrang:</u> Es treten nur zwei Figuren auf; die Begegnung der beiden, ihr Gespräch, ist die Handlung der Geschichte.
<u>Alltagssprache:</u> Die Geschichte enthält viele Dialoge, die sehr alltagsnah sind (Wiederholungen, Ellipsen).

2 a)
Die Kurzgeschichte „Nachts schlafen die Ratten doch" von Wolfgang Borchert zeigt, wie es einem alten Mann gelingt, einem kleinen Jungen neuen Lebensmut zu vermitteln./
Mit seiner Kurzgeschichte „Nachts schlafen die Ratten doch" verdeutlicht Wolfgang Borchert die seelischen Qualen eines Kindes in der Nachkriegszeit und zeigt, wie hilfreich etwas Zuwendung sein kann./
Wolfgang Borcherts Texte zählen zur deutschen Trümmerliteratur. In seiner Kurzgeschichte „Nachts schlafen die Ratten doch" wird der Schauplatz – eine zerbombte Stadt – zum Symbol für den Wiederaufbau.
→ Autor/in, Textsorte, Titel, Thema

2 b) *So könnte deine Lösung lauten:*
Die erste Einleitung formuliert das Thema sehr verständlich, deshalb habe ich diese Einleitung gewählt. [Auch andere Meinungen sind möglich, die dritte Einleitung jedoch ist sehr abstrakt formuliert und benennt das Thema unzureichend.]

SEITE 26

1 *So könnte deine Lösung lauten:*
Äußere Situation des Mannes (zum Zeitpunkt des inneren Monologs): beim Füttern der Kaninchen, nachdenklich, erfreut sich an den Kaninchen, sie sind auch Teil seiner Existenzgrundlage
Persönlicher Hintergrund des Mannes: wirkt eher gebildet, arm durch den Krieg, hilfsbereit
Seine Gefühle: möchte dem Jungen helfen, sein traumatisches Erlebnis zu überwinden, möchte ihm eine neue Perspektive vermitteln

2
Beim Füttern der Kaninchen denkt der Mann an das Erlebnis mit dem Jungen und macht sich Gedanken zu dessen Situation. Er denkt auch über sein Verhalten und die Folgen für den Jungen nach. Er malt sich die Begegnung am Abend aus.
– die Situation des Jungen
– das Verhalten des Mannes
– die Folgen, die das Verhalten des Mannes für den Jungen hat
– die Begegnung am Abend

3 *So könnte deine Lösung lauten:*
Der arme Junge! Warum kümmert sich niemand um ihn? Ist er alleine? Was macht er in dieser Schuttwüste? Ob es ihm hilft, sich um ein Kaninchen zu kümmern? Was, wenn er erfährt, dass Ratten in der Nacht aktiv sind? Wird er mich für diese Lüge hassen? Ich sollte ihm helfen! Was ist mit seinen Eltern? Warum haben sie ihn da zurückgelassen? Hoffentlich gefällt ihm das Kaninchen. Er ist bestimmt am Platz geblieben, er nimmt seine Aufgabe ja sehr ernst.

4 *So könnte deine Lösung lauten:*
Der arme Junge! Sitzt da und bewacht den toten Bruder. Wo sind eigentlich seine Eltern? Gut, sie haben einen Jungen verloren, aber umso mehr müssen sie sich doch um den Überlebenden kümmern. „Hier meine Kleinen, frischer Löwenzahn, der schmeckt euch doch!" Zum Essen hat er auch fast nichts. Sitzt da und hält Nachtwache. Ob er noch in die Schule geht? Wahrscheinlich sitzt er den ganzen Tag auf dem Schutt! Die Kinder waren gar nicht dabei und können nichts dafür, aber sie leiden noch mehr unter diesem Krieg als wir. Gut, dass nun alles ein Ende hat! Wer lebt, hat überlebt und muss nach vorne schauen, auch Jürgen! So ein Kaninchen wird ihm Freude schenken! Sie sind so quirlig und lebendig, das wird ihn ablenken. Man kann ihnen beim Wachsen und Gedeihen zuschauen, und er muss Blätter für sie sammeln. Es macht doch keinen Sinn, den Toten ewig nachzutrauern. Ein weißes Kaninchen wollte er gern haben, weiß wie die Unschuld – das ist er auch. Und so tapfer, wie er es sich zur Aufgabe macht, den Bruder zu bewachen! Was so ein Lehrer sich eigentlich denkt? Sollte den Kindern besser beibringen, was man an Unkraut essen kann und was nicht. Wie man Kartoffeln anbaut oder Brot backt, das müssen sie jetzt lernen! Wie man nach diesem Krieg in der zerstörten Heimat weiterleben kann, das muss man wissen! Hier ist doch ein kleines weißes Kerlchen! Du wirst Jürgen ins Leben zurückholen, mein Kleiner. Ihr werdet euch gut verstehen. Der Junge nimmt seine Aufgaben ernst, er wird sich gut um dich kümmern! Komm, wir gehen. Hoffentlich ist er noch an dem Platz! Wenn ihn die Eltern suchen und ihn

inzwischen gefunden haben, ist er vielleicht mit ihnen an einem neuen Ort.

SEITE 27

2 a)
In diesem Gedicht von Johann Wolfgang von Goethe geht es um ...
... ein riskantes Abenteuer.
... eine heimliche Liebe.

2 b) *So könnte deine Lösung lauten:*
In dem Gedicht geht es um eine heimliche Liebe. Das lyrische Ich macht sich nachts auf den Weg zu seiner Geliebten und versucht, dabei nicht entdeckt zu werden. Am Morgen muss er sie schweren Herzens schon wieder verlassen. Das Gedicht handelt somit gleichzeitig auch von einem riskanten Abenteuer, denn die beiden Liebenden hätten wohl Konsequenzen zu befürchten, wenn ihre Liebe entdeckt werden würde.

SEITE 28

1 *So könnte deine Lösung lauten:*
Das Gedicht besteht aus vier Strophen mit je acht Versen. Es werden Kreuzreime verwendet. Auffällig ist, dass im zweiten Quartett der Strophen auch unsaubere Reime erscheinen (Eiche – Gesträuche, Strophe 1; Wetter – Götter, Strophe 3; Blick – Glück, Strophe 4).

2 *So könnte deine Lösung lauten:*
Strophe 1: Das lyrische Ich reitet in der Nacht davon.
Strophe 2: Trotz der unheimlichen Umgebung ist es mutig und voller Tatendrang.
Strophe 3: Es trifft die Geliebte und ist sehr glücklich.
Strophe 4: Es muss am Morgen gehen und lässt sie traurig zurück. Es erfreut sich der Liebe.

3 *So könnte deine Lösung lauten:*
[...] Der Abend wiegte schon die Erde;
Und an den Bergen hing die Nacht;
[...] Doch ach, schon mit der Morgensonne [...]

Er reitet am späten Abend los, um seine Geliebte zu sehen, die er am nächsten Morgen früh verlassen muss.

4 *So könnte deine Lösung lauten:*

Lyrisches Ich	Lyrisches Du
In meinen Adern welches Feuer!	In deinen Küssen, welche Wonne!
In meinem Herzen welche Glut!	In deinem Auge welcher Schmerz!

Durch den parallelen Aufbau erkennt der Leser, dass sich die Verse aufeinander beziehen. Die Freude und Leidenschaft („In meinem Herzen welche Glut!") des lyrischen Ichs entbrennt in der Vorfreude auf die gemeinsame Zeit mit der Geliebten („In deinen Küssen, welche Wonne!"). Die bei der Geliebten ebenfalls bemerkbaren negativen Gefühle („welcher Schmerz!") nimmt das lyrische Ich zwar in den Augen der Geliebten wahr, aber es teilt sie nicht.

5 *So könnte deine Lösung lauten:*
Der Satz beginnt und endet mit dem Wort „dich", das durch die Inversion auch betont wird. Ebenfalls betont wird das

Wort „ganz". Der Autor zeigt damit die Hingabe des lyrischen Ichs an die angesprochene Geliebte. Es wendet sich ihr zu, all sein Denken und Handeln ist auf sie gerichtet („Ganz war mein Herz an deiner Seite").

6

In meinen Adern welches Feuer!/In meinem Herzen welche Glut! [...] Und Zärtlichkeit für mich – ihr Götter! Ich hofft' es, ich verdient' es nicht! [...] In deinen Küssen welche Wonne!/In deinem Auge welcher Schmerz! [...] Und doch, welch Glück, geliebt zu werden!/Und lieben, Götter, welch ein Glück!

So könnte deine Lösung lauten:
Die Ausrufe stehen am Ende der zweiten und dritten Strophe. In der vierten Strophe sind es vier Ausrufe (Vers 27–28 und Vers 31–32). Die Zunahme der Ausrufe – keine in der ersten Strophe, vier in der letzten – zeigt die Entwicklung der Leidenschaft, die Überwältigung des lyrischen Ichs durch das Liebesglück („Ich hofft' es, verdient' es nicht"). Sie stehen am Ende der Strophen als Ausrufezeichen hinter dem geäußerten Gedanken. Die letzten beiden fassen das Gefühl des lyrischen Ichs nochmals in Worte: „Und doch, welch Glück, geliebt zu werden!/Und lieben, Götter, welch ein Glück!"

7 a)

Aussage	Textbeleg
Das lyrische Ich ist voll leidenschaftlicher Ungeduld.	„Es schlug mein Herz, geschwind zu Pferde!"
Obwohl es im Schutz der Nacht unterwegs ist, fürchtet es, entdeckt zu werden.	„Wo Finsternis aus dem Gesträuche Mit hundert schwarzen Augen sah."
Beide fühlen sich tief verbunden und sehr glücklich.	„ ... die milde Freude/floss von dem süßen Blick auf mich; Ganz war mein Herz an deiner Seite und jeder Atemzug für dich."
Die Liebe des anderen wird als Geschenk gesehen.	„Ich hofft' es, ich verdient' es nicht!"

SEITE 29

7 b) *So könnte deine Lösung lauten:*
Die Furcht des lyrischen Ichs, bei seinem nächtlichen Ausflug entdeckt zu werden, wird durch eine Personifikation verdeutlicht: „Die Finsternis", in der er sich bewegt, sieht „mit hundert schwarzen Augen" (V. 8–9). „Es schlug mein Herz" – mit diesem Beginn erkennt der Leser, dass das lyrische Ich sehr aufgeregt und erregt ist. Es möchte schnell zu seiner Geliebten, und zwar „geschwind zu Pferde" (V. 1). Die beiden fühlen sich tief verbunden, wie das lyrische Ich beteuert („Ganz war mein Herz an deiner Seite"). Die Inversion betont zusätzlich das Wort „ganz", um keinen Zweifel an den Gefühlen des lyrischen Ichs zu lassen. Die Freude „floss" von dem Blick der Geliebten auf es. Auch das Verb „fließen" verdeutlicht die Harmonie und Verbun-

denheit zwischen den beiden. „Ich hofft' es, ich verdient' es nicht!" – in diesem Vers beschreibt Goethe das Wesen der Liebe: Sie lässt sich nicht verdienen oder erarbeiten, sondern sie ist ein Geschenk, das nicht eingefordert und erkauft werden kann.

8 *So könnte deine Lösung lauten:*
Ein Einzelner stellt sich gegen Traditionen und Regeln; die leidenschaftliche, gefühlvolle Liebe

SEITE 30

1 *So könnte deine Lösung lauten:*
Es fehlt das Thema des Gedichts: Das Gedicht „Willkommen und Abschied", in dem es um die leidenschaftliche Liebe eines jungen Mannes geht, wurde von Johann Wolfgang Goethe geschrieben.
Es fehlt der Titel: Johann Wolfgang Goethes Gedicht „Willkommen und Abschied" beschreibt die leidenschaftliche Liebe eines jungen Mannes.

2
1. Das Gedicht besteht aus vier Strophen mit je acht Versen. Die Strophen 2 und 3 enden mit je zwei Ausrufesätzen, in der letzten Strophe sind es insgesamt vier Ausrufe.
2. Das Gedicht beschreibt eine heimliche Liebe. Das lyrische Ich, der stürmische Liebhaber, reitet am Abend zu seiner Liebsten und verbringt die Nacht mit ihr.
3. Das lyrische Ich handelt spontan und unüberlegt: „es war getan fast eh gedacht." (V. 2) Daran lässt sich ablesen, dass es verliebt ist, denn es denkt nicht lange nach, sondern handelt seinen Gefühlen entsprechend. Es entspricht damit auch dem Bild des unabhängigen Genies, das im Sturm und Drang sehr verehrt wurde.
4. Durch zahlreiche Personifikationen wirkt die Natur in der ersten Strophe bedrohlich. Die Eiche steht „im Nebelkleid" (V. 5) und die Finsternis schaut „mit hundert schwarzen Augen" (V. 8) „aus dem Gesträuche" (V. 7). Das lyrische Ich scheint zu befürchten, entdeckt oder erkannt zu werden. Auch in der folgenden Strophe wird ...
5. Glück und Schmerz liegen in dieser Liebe eng zusammen. Als das lyrische Ich geht, blickt die Geliebte ihm „mit nassem Blick" (V. 30) nach; sie ist traurig, dass es geht. Das lyrische Ich sieht zwar, dass es ihr nicht gut geht („In deinem Auge welcher Schmerz!", V. 28), aber dennoch ist es für es ein „Glück, geliebt zu werden!" (V. 31) und zu „lieben, Götter, welch ein Glück!" (V. 32). Es will dieses Glück, diese Liebe genießen.

SEITE 31

3
Einleitung: 2, 4, 7 / Hauptteil: 3, 4, 5 / Schluss: 1, 6

4 *So könnte deine Lösung lauten:*
In seinem Gedicht „Willkommen und Abschied" beschreibt Johann Wolfgang Goethe eine Liebesbeziehung, die sehr leidenschaftlich ist, aber nur heimlich gelebt werden kann.
Das Gedicht umfasst vier Strophen mit je acht Versen. Verwendet wird ein Kreuzreim, der jedoch nicht immer ganz eingehalten wird. Das lyrische Ich beschreibt, wie es abends zur Geliebten eilt und dort die Nacht verbringt. Am nächsten Morgen müssen die beiden sich wieder trennen.

Das lyrische Ich reitet „geschwind zu Pferde" (V. 1) am Abend los. Diese Aktion wirkt unüberlegt, denn sie ist „getan, fast eh gedacht". Das Herzklopfen („es schlug mein Herz", V. 1) scheint aber ein erster Hinweis auf die erregten Gefühle zu sein. Die Gegend, durch die das lyrische Ich reiten muss, wirkt bedrohlich und feindlich. „Ein aufgetürmter Riese" scheint die Eiche im Nebelkleid zu sein, und die Finsternis, die es umgibt, schaut „mit hundert schwarzen Augen" (V. 8), sodass es sich sehr beobachtet und verunsichert fühlt. Der Mond, der ihm den Weg leuchten muss, „sah kläglich [...] hervor" (V. 9–10), und die Winde „umsausten schauerlich mein Ohr" (V. 12). In dieser feindlichen Umgebung wird der Ausflug fast zur Heldentat. Das lyrische Ich lässt sich nicht davon beeindrucken, denn „frisch und fröhlich war mein Mut" (V. 14). Sein inneres Drängen und sein Wille beflügeln es. Diese Leidenschaft zeigt sich in den beiden ersten Ausrufen des Gedichts am Ende der zweiten Strophe: „In meinen Adern welches Feuer!/In meinem Herzen welche Glut!". Das „Herz" und die „Adern", in denen nicht Blut, sondern Feuer fließt, zeigen, dass es nicht nur um eine geistige, platonische, sondern auch um eine körperliche, leidenschaftliche Liebe geht. Die dritte Strophe beschreibt das Zusammensein der beiden Liebenden. Es ist harmonisch und schön. Das lyrische Ich gibt sich ganz hin, wie der erste Satz der Strophe verdeutlicht. Der Satz beginnt und endet mit dem Wort „dich", das ganze Fühlen und Denken ist auf den anderen ausgerichtet. Das „rosenfarbene[s] Frühlingswetter" umschreibt die harmonische Atmosphäre des Verliebtseins. Diese Liebe wird als Geschenk gesehen und wahrgenommen: „Ich hofft' es, ich verdient' es nicht!" (V. 24), so lautet der letzte Vers, der aussagt, dass die Liebe nicht erwartet werden darf, nicht erkauft werden kann, sondern als Geschenk gesehen werden muss.
In der letzten Strophe geht es um den Abschied, der diese Liebesnacht am nächsten Morgen beendet. Er „verengt [...] mir das Herz"; das lyrische Ich ist traurig, dass es gehen muss, denn es sieht in den Augen der Geliebten „Schmerz", und sie sieht ihm „mit nassem Blick" nach. Es konzentriert sich aber auf das Schöne des Erlebnisses („in deinen Küssen welche Wonne!", V. 27), und das Gedicht endet mit den beiden Ausrufen: „Und doch, welch Glück, geliebt zu werden!", und: „Und lieben, Götter, welch ein Glück!" Das lyrische Ich ist glücklich, diese Liebe erfahren und erlebt zu haben. In zwei Ausrufen (V. 23 und V. 32) werden die „Götter" angerufen. Die Liebe wird damit als etwas Überirdisches, Göttliches gesehen, etwas, das wir mit unserem Verstand nicht erfassen können und auch nicht selbst planen oder bauen können.
Goethe verdeutlicht mit diesem Gedicht die überbordenden Glücksgefühle verliebter Menschen. Auch wenn diese Liebe heimlich geschieht und nicht öffentlich gelebt wird, belebt sie die Verliebten. Goethe beschreibt zwar auch die negative Erfahrung des Schmerzes bei der Trennung, aber er wertet sie als nicht so stark. Sein Titel „Willkommen und Abschied" verdeutlicht vielleicht auch, dass beides zusammengehört und eine leidenschaftliche Liebe meist auch ein Ende hat.
Goethes Gedicht ist zeitlos, denn die Menschen verlieben sich immer wieder, und auch die Gefühle, die er beschreibt, sind heute noch nachvollziehbar. Ein moderner Dichter würde sie nur anders beschreiben und andere Bilder finden.

SEITE 33

1
1. Die Ich-Erzählerin/der Ich-Erzähler denkt über sich und ihr/sein Leben nach.
2. Auf dem Weg zur U-Bahn vergleicht sich die Ich-Erzählerin/der Ich-Erzähler mit den anderen Passanten.
3. Ein Mann, der dasselbe Ziel hat wie sie/er, fällt der Ich-Erzählerin/dem Ich-Erzähler auf.
4. Zu seiner Überraschung erreicht der andere Mann sein Ziel.

2
In einer Souterrain-Wohnung im Stadtzentrum

3 *So könnte deine Lösung lauten:*
a) Die Ich-Erzählerin/der Ich-Erzähler wohnt in der Schönhauser Allee.
b) Sie/er schreibt, also ist sie/er vermutlich Autor/in oder Journalist/in.
c) Sie/er hält junge Menschen für angepasst, ideenlos und langweilig.

4
Weil die Menschen früher Ideale hatten und eigene Ideen verwirklichen wollten.

So könnte deine Lösung lauten:
Sie hatten Ideale, für die man „sterben konnte" (Z. 2) oder für die es „sich zu leben lohnte" (Z. 3).

5
Naivität (Z. 4): Ahnungslosigkeit
Konstellation (Z. 22): Zusammenstellung

6
trotten, spazieren, marschieren, rennen

SEITE 34

7 *So könnte deine Lösung lauten:*

	Gefühle	Textbelege
4	Sie/er ist schockiert und irritiert.	„Schlug in ungläubiges Entsetzen um." (Z. 37)
1	Sie/er ist frustriert und antriebslos.	„Ich wusste ich würde scheitern. [...] was ich auch schreiben und sagen würde, es würde niemand hören." (Z. 9–13)
3	Sie/er ist arrogant.	„Ich schnaubte verächtlich." (Z. 34 f.)
2	Sie/er fühlt sich alleine und einsam.	„Aber einsam war außer mir niemand." (Z. 23)

8
Wer Mut hatte, ragte hervor wie ein Monolith, aber der Preis war Einsamkeit. V / Ich fühlte mich gefangen in der Zeit. M / [...] fiel mit erneut diese eigenartige Krankheit auf, die die ganze Stadt befallen zu haben schien. P / Naivität war tot, man wurde in die Gleichgültigkeit getrieben. P / Ohne mich. Es würde versickern oder an der Abgestumpftheit um mich herum ersticken. M/P

9 *So könnte deine Lösung lauten:*
Die Ich-Erzählerin/der Ich-Erzähler erkennt, dass es sich lohnt, für eine Sache zu kämpfen. Sie/er erkennt, dass sich Einsatz lohnt, dass einen Anstrengungen weiterbringen können.

10 *So könnte deine Lösung lauten:*
Der Text führt vor, wie die/der überhebliche und arrogante Ich-Erzählerin/Ich-Erzähler dazulernt. Sie/er muss miterleben, wie ein anderer, der sich anstrengt, sein Ziel zu erreichen, dies auch schafft. Ich persönliche denke, dass es sicher besser ist, sich für seine Ziele einzusetzen, aber leider hilft dies nicht immer. Ich habe auch erlebt, dass man seine Ziele bei großer Anstrengung nicht immer erreicht. Dann muss man sich neue Ziele setzen.

SEITE 35

1 a)
älterer, dicklicher Mann (Z. 27); muss zur U-Bahn (Z. 28); rennt und gibt alles, um die U-Bahn zu erwischen (Z. 35–36); steigt in letzter Sekunde in die U-Bahn ein, bevor sie losfährt (Z. 37–38)

1 b) *So könnte deine Lösung lauten:*
Obwohl der Mann schon älter ist und dazu noch dick, versucht er, rennend die U-Bahn zu erreichen, die jeden Moment losfährt. Das zeigt, dass er – anders als der Ich-Erzähler – nicht so schnell aufgibt, auch wenn die Erfolgsaussichten schlecht sind.

1 c) *So könnte deine Lösung lauten:*
Der Mann will die U-Bahn unbedingt noch bekommen. Dafür strengt er sich an und nimmt in Kauf, von anderen Passanten wie z.B. der Ich-Erzählerin/dem Ich-Erzähler belächelt zu werden. Vielleicht hat er einen wichtigen Termin und darf nicht zu spät kommen. Auf jeden Fall gibt er sich nicht so leicht geschlagen.

2
Schreibe einen inneren Monolog des älteren, dicklichen Herrn, der sich in Bewegung setzt, um die Bahn noch zu erreichen. Der Monolog klärt, <u>warum der Mann sich so anstrengt</u>, die Bahn zu erreichen. Der Monolog endet in der Bahn.

So könnte deine Lösung lauten:
gibt nicht so schnell auf, hat vielleicht einen wichtigen Termin, ist in Hektik

3 *So könnte deine Lösung lauten:*
Eher kurze Hauptsätze und Ellipsen
Viele Ausrufe und Fragen
Direkter Einstieg

4 *So könnte deine Lösung lauten:*
Nein, die Bahn ist schon da. Das darf doch nicht wahr sein! Immer ist sie verspätet und heute pünktlich. Ich muss das schaffen, ich muss sie kriegen! Die Luft brennt im Hals, aber wenn ich es nicht schaffe, fackelt mein ganzes Leben ab. Der Termin ist meine Zukunft, meine Chance, ich werde sie nicht verspielen, nur weil ich zu dick und zu langsam bin, um die blöde Bahn zu erreichen. Seit Wochen bereite ich mich vor, ich hab mir jede erdenkliche Frage ausgedacht und die Antwort dazu gefunden. Ich schaffe das. Ich muss das schaffen. Ja. Zzzzummmm. Das war die Tür. Ich habe es geschafft, ich komme rechtzeitig zu meinem Vorstellungs-

termin, und ich werde all diesen arroganten Personalleitern zeigen, was in mir steckt. Ich hab es in die Bahn geschafft! Wer sich einsetzt, wird auch belohnt. Ich brauche diese Arbeit, wir müssen die Wohnung noch abbezahlen, der Kleine wächst und braucht auch ständig neue Sachen, Eva kann nicht alles alleine finanzieren. Ich werde Geld verdienen, ich bringe Leistung, gute Leistung. Und das zahlt sich aus!

SEITE 38

1
Als Biolebensmittel werden Lebensmittel aus der ökologischen Landwirtschaft bezeichnet. Der Begriff ist in der EU gesetzlich definiert. Diese Produkte müssen aus ökologisch kontrolliertem Anbau stammen, dürfen nicht gentechnisch verändert sein und werden ohne Einsatz konventioneller Pestizide, Kunstdünger oder von Abwasserschlamm angebaut. Tierische Produkte stammen von Tieren, die gemäß EG-Öko-Verordnung artgerecht und in der Regel weniger mit Antibiotika und Wachstumshormonen behandelt wurden. Die Produkte enthalten weniger Lebensmittelzusatzstoffe als konventionelle Lebensmittel.

2 *So könnte deine Lösung lauten:*
In diesem Text geht es um die Aufklärung der Verbraucher über die Vor- und Nachteile von Bioprodukten.

SEITE 39

3
Der Text beschreibt die Vor- und Nachteile von verschiedenen Bioprodukten anhand von Testergebnissen.

4
Hier wird sachlich und objektiv informiert.
Das Schlusskapitel fordert dazu auf, Bioprodukte zu kaufen.

5
Bioprodukte stammen aus ökologisch kontrolliertem Landbau (M1, Z. 3). / Biolebensmittel enthalten auch Lebensmittelzusatzstoffe (M1, Z. 8). / Durch den Anbau von Bioprodukten werden die Böden und das Grund- und Trinkwasser weniger belastet (M2, Kapitel „Gesundheit", Z. 7 f.). / Es gibt EU-weit geltende Gesetze, die regeln, welche Anforderungen an ein Bioprodukt zu stellen sind (M1, Z. 2). / Biologisch erzeugte pflanzliche Lebensmittel enthalten weniger Pestizide (M2, „Bio ist meist top", Z. 3–5, Z. 10–14). / Geschmacklich unterscheiden sich biologisch erzeugte Lebensmittel kaum von herkömmlichen Produkten (M2, Z. 1 f.). / Biologisch erzeugte Lebensmittel sind dann nicht umweltgerecht (ökologisch), wenn sie aus fernen Ländern stammen. Der weite Transportweg belastet die Umwelt (M2, Z. 3–5).

6 a) und **b)** *So könnte deine Lösung lauten:*
<u>Pestizide: Bio meist unverdächtig</u> – Biolebensmittel wie Obst, Gemüse oder Tee enthalten deutlich weniger Rückstände von Pflanzenschutzmitteln. „Normale" Produkte halten zwar die Grenzwerte ein, sind aber zu einem Drittel „deutlich" oder „hoch" belastet.
<u>Frisch vom Feld</u> – Bio ist meist top – unverarbeitet sind Bioprodukte den konventionellen überlegen. Sie enthalten nicht nur weniger Pestizide, sondern es gibt auch geringere Rückstände von Nitraten, die sich durch künstliche Düngung in den Pflanzen anreichern.

<u>Bio ist nicht öko</u> – Bioprodukte sind nicht immer besser für die Umwelt. Wenn sie z.B. von weit her herangeschafft werden müssen, wird die Umwelt mehr belastet als bei konventionellen Produkten, die aus der Region stammen.

<u>Unser Fazit: Preis</u> – Biolebensmittel kosten fast immer mehr als konventionelle. Dies liegt am höheren Aufwand, der beim biologischen Anbau von Pflanzen oder der artgerechten Haltung von Tieren nötig ist.

<u>Unser Fazit: Geschmack</u> – Bioprodukte schmecken meist nicht anders als „normale". Wenn sie verarbeitet werden, schmecken sie sogar oft weniger gut oder sehen nicht so schön aus wie konventionelle Lebensmittel.

<u>Unser Fazit: Gesundheit</u> – Bioprodukte sind gesünder, weil sie weniger Rückstände enthalten. Sie sind auch besser für die Umwelt, da bei den Pflanzen weniger Rückstände in das Grundwasser gelangen und bei den Tieren auf artgerechte Haltung geachtet wird. Dies vermittelt dem Käufer ein besseres Lebensgefühl.

7 *So könnte deine Lösung lauten:*
<u>Pro:</u> weniger Rückstände (Pestizide, Schadstoffe), weniger Umweltverschmutzung (Nitrat im Grundwasser), artgerechte Haltung von Tieren, weniger Monokulturen, Bioprodukte sind meist gesünder, Kauf von Bioprodukten verschafft positives Lebensgefühl
<u>Kontra:</u> Bioprodukte enthalten manchmal auch Rückstände, Biolebensmittel sind oft teurer, sie sind nicht ökologischer, wenn sie von weit her herangeschafft werden müssen, weiterverarbeitete Bioprodukte sehen nicht so schön aus, sind oft weniger haltbar oder schmecken nicht so gut

SEITE 40

1 *So könnte deine Lösung lauten:*
In diesem Diagramm erfährt man, warum Menschen Bioprodukte kaufen.

2 *So könnte deine Lösung lauten:*
Der Hauptgrund, warum Menschen Bioprodukte kaufen, ist, dass sie diese für gesünder halten. An zweiter Stelle folgt die Einschätzung, dass Bioprodukte besser für die Umwelt sind. Fast genauso oft wird genannt, dass sie besser schmecken. An vierter Stelle findet sich das Argument, dass „Bio" besser für die Tiere ist. Kaum eine Rolle spielen die Überlegungen, dass Bioprodukte gerade angesagt sind oder dass sie von Bekannten gekauft werden.

3 *So könnte deine Lösung lauten:*
Ich halte diese Umfrage eher nicht für aussagekräftig, da nur 868 Personen befragt wurden.

4 *So könnte deine Lösung lauten:*
Zufall/Bequemlichkeit: z.B. Bioladen gleich um die Ecke; Familie mit Kindern: Eltern wollen, dass Kinder nur das Beste bekommen; Werbung für Bioprodukte

5 *So könnte deine Lösung lauten:*
zu teuer, schmecken nicht so gut, nicht so viel Auswahl, Gefahr des Betrugs (höherer Preis, aber keine echte Bioware)

SEITE 41

1 *So könnte deine Lösung lauten:*
Gegenposition: +++ zu teuer, ++ teilweise Rückstände, + schmecken nicht so gut

Deine Position: + weniger Rückstände, ++ gesünder, +++ besser für die Umwelt

SEITE 42

2 a)
<u>Behauptung;</u> *Beleg/Beispiel*
<u>Die meisten Menschen kaufen deswegen keine Bioprodukte, weil sie ihnen im Vergleich zu normalen Lebensmitteln zu teuer sind.</u> *Bedingt durch den größeren Aufwand bei dem Anbau der Pflanzen oder der Haltung der Tiere, ist es oft nicht möglich, etwas zum gleichen Preis wie konventionelle Landwirte anzubieten. Wenn Tiere größere Ställe oder Gehege haben, können eben auf der gleichen Grundfläche nur weniger Tiere gehalten werden. So verteuert sich zum Beispiel der Preis für ein Huhn, das frei laufend gehalten wird, im Vergleich zu einem, das aus Käfighaltung kommt.* <u>Mitschüler/innen wenden häufig auch ein, dass Bioprodukte auch nicht frei von Rückständen sind.</u> *Dies hat auch eine Untersuchung der Stiftung Warentest aus dem Jahr 2007 ergeben. Darin wird festgestellt, dass Biosalate zum Beispiel teilweise Nitrat von Kunstdünger enthielten. Auch waren Grüntees aus Bioanbau durchaus auch mit Pestiziden belastet.* <u>Manche Menschen wenden ein, dass Bioprodukte nicht so schön aussehen</u> ...

2 b) *So könnte deine Lösung lauten:*
Außerdem ist zu erwähnen, dass manche Bioprodukte nicht so gut schmecken wie „normale" Lebensmittel. Vor allem weiterverarbeitete Produkte wären hier zu nennen. Durch den Verzicht auf Farb- und Zusatzstoffe schauen Bioprodukte nicht so appetitlich aus und schmecken manchmal auch nicht so gut. Biologisch erzeugte Butter enthält z.B. kein Carotin und ist deshalb nicht so appetitlich goldgelb wie Standardware. Meine Mutter hat letzte Woche so eine Biobutter gekauft, und ich muss sagen, ich war enttäuscht: Die Farbe war eher weiß als gelb, und der Geschmack war auch nicht anders als bei einem Standardprodukt.

3 *So könnte deine Lösung lauten:*
Nachdem ich auf die Nachteile der Bioprodukte eingegangen bin, möchte ich jetzt auf die Vorteile zu sprechen kommen. Zunächst möchte ich aufführen, dass Bioprodukte weniger Rückstände wie Pestizide enthalten. Durch den Verzicht auf chemische Schädlingsbekämpfungsmittel enthalten vor allem pflanzliche Nahrungsmittel weniger Rückstände dieser Schadstoffe. Die Stiftung Warentest konnte nachweisen, dass frisches Bioobst und -gemüse sowie Biotee meist pestizidfrei sind. In knapp drei Viertel der getesteten Bioware konnten keine Pestizide nachgewiesen werden, dagegen gab es Rückstände in bis zu 60 Prozent der konventionell erzeugten Produkte. Ein weiterer Vorteil ist, dass biologisch erzeugte Lebensmittel in der Regel gesünder sind. Im Text der Stiftung Warentest wird unter der Überschrift „Unser Fazit: Gesundheit" festgestellt, dass sich in Biogemüse weniger Nitrat anreichert. So kommt auf Bioäcker möglichst kein nitrathaltiger Stickstoffdünger. Aus Nitrat können Krebs erzeugende Nitrosamine entstehen. Somit ist es ein klares Plus für die Gesundheit, Biogemüse und Obst zu kaufen und zu verzehren.
Für mich ausschlaggebend ist die Tatsache, dass biologisch erzeugte Lebensmittel insgesamt besser für die Umwelt

sind. Die Stiftung Warentest stellt fest: „Biobauern legen Wert auf eine nachhaltige, das heißt ökologische und sozialverträgliche Produktion, die den natürlichen Kreislauf von Boden, Pflanze und Tier fördert. So bestehen zum Beispiel die Felder nicht aus riesigen Monokulturen, die dann wiederum den Einsatz von Schädlingsbekämpfungsmitteln nötig machen." Außerdem finde ich in dem Text die folgenden Informationen dazu (Z. 96–101): „Tiere werden artgerecht gehalten. Rinder und Kühe bekommen zum Beispiel Laufställe, Hühner dürfen am Boden laufen und scharren, statt in engen Käfigen zu sitzen. Bioprodukte zu kaufen, unterstützt die Anbieter darin, Tiere so zu halten. Dies sorgt bei uns Verbrauchern für ein gutes Lebensgefühl. Und ein schonender Umgang mit der Umwelt erhält sie auch den nachfolgenden Generationen." Dem ist nichts hinzuzufügen. Daher halte ich es aus ethischen Gründen für unverzichtbar, beim Einkauf darauf zu achten, Bioprodukte zu kaufen.

4
Siehe Aufgaben 2 b) und 3)

SEITE 43

1
Laut einer Umfrage ... (4), Bio-Lebensmittel ... (2), Als ich letzte Woche ... (3), Heute haben wir ... (1)

2 *So könnte deine Lösung lauten:*
Heute haben wir im Deutschunterricht von unserem Lehrer einen Artikel aus der Zeitschrift „Test", Ausgabe 10 aus dem Jahr 2007 mit dem Titel „Wo Bio schwach ist und wo stark" über Bioprodukte bekommen. Ich fand die darin enthaltenen Informationen sehr interessant, und sie haben mich davon überzeugt, in Zukunft Bioprodukte vorzuziehen. Manche Mitschüler/innen waren aber anderer Meinung. Ich möchte daher im folgenden Artikel darlegen, was für mich dafür spricht, solche Produkte zu kaufen, aber auch, welche möglichen Gegenargumente es zu berücksichtigen gilt.

SEITE 44

1 a) und **b)** *So könnte deine Lösung lauten:*
Meiner Meinung nach ist Schluss (2) am besten gelungen. Der Schluss gibt klar die Meinung des Verfassers wieder, begründet sie noch einmal kurz und schließt mit dem geforderten Appell und entspricht daher der Aufgabenstellung.

SEITE 45

1 *So könnte deine Lösung lauten:*
Thema: Ausrüstung der Schule mit Videoüberwachungssystemen / Einschränkungen des Themas: nur Schulgelände / Schulgebäude, nicht Videoüberwachung allgemein / Adressaten: Mitschüler/innen und Eltern / Was sollst du schreiben? Kommentar im Jahresbericht

2
Es geht darum, ob Schüler/innen auf dem Schulgelände und in der Schule mit Videokameras überwacht werden sollen. / Du sollst in dem Artikel deine Meinung zu dem Thema klar herausarbeiten und mit Argumenten stützen. / Gegenargumente solltest du aufgreifen und entkräften.

SEITE 46

5
Argumente, die für die Videoüberwachung sprechen:
Lehrerin W.: „Die Videoüberwachung wäre in bestimmten Problemzonen, in den Eingangsbereichen und in Winkeln, die schlecht eingesehen werden können, sehr sinnvoll."
Nesrin Y.: „ Also ich würde mich schon sicherer fühlen, gerade auch als Mädchen, man weiß ja nie."
Jelica I.: „Ich fänd's gut, da würden die Wände auch nicht mehr so verschmiert, und die Klos wären nicht mehr so verraucht."
Argumente, die gegen die Videoüberwachung sprechen:
Tom M.: „Das hält doch keinen davon ab, was anzustellen. Im Gegenteil, wenn der noch auf Video zu sehen ist, kommt er sich wahrscheinlich noch wichtiger vor."
Lehrer K.: „Man müsste nur mehr Aufsichten einteilen, dann hätten wir das auch so im Griff!"
Carina S.: „Da bist du ja keinen Moment mehr unbeobachtet. Die sehen dann, ob du in der Nase bohrst, dich am Hintern kratzt oder was weiß ich."
Hausmeister R.: „In der Zeitung hab ich gelesen, dass die ganze Videoüberwachung an öffentlichen Plätzen in amerikanischen Großstädten nichts gebracht hat. Die Zahl der Verbrechen ist laut einer Statistik nicht zurückgegangen."
Nico K.: „Das ist doch gar nicht erlaubt, die dürfen das doch gar nicht!"

6 *So könnte deine Lösung lauten:*
Ich bin für die Videoüberwachung der Schule und des Schulgeländes, weil ich mich dann als Schüler/in sicherer fühlen würde. / Ich bin gegen die Videoüberwachung der Schule und des Schulgeländes, weil ich mich dann ständig beobachtet und überwacht fühlen würde.

SEITE 47

1 *So könnte deine Lösung lauten:*
Pro: + Wände wären nicht mehr so verschmiert,
++ mehr Schutz vor Mitschülern,
+++ mehr Sicherheit vor Gewalttaten, Amokläufen
Kontra: + geringer tatsächlicher Effekt,
++ Alternative: mehr Aufsichten,
+++ unzulässiger Eingriff in die Persönlichkeitsrechte

2
Behauptung; *Begründung*; **Beispiel**
Zunächst möchte ich feststellen, dass die Videoüberwachung des Schulgeländes auf mögliche Straftäter oder Attentäter keinerlei abschreckende Wirkung hat.
Schüler/innen, die zum Beispiel einen Amoklauf planen, werden sich davon nicht abschrecken lassen. Im Gegenteil, es kann sie sogar noch mehr dazu animieren, die Tat auszuführen, da sie dann ja wissen, dass ihre Tat gefilmt und womöglich im Fernsehen in den Nachrichten gezeigt wird.
So habe ich in einem Dokumentarfilm über die Attentäter der Columbine-Schule in den USA erfahren, dass viele dieser Täter einen ausgeprägten Hang zur Selbstdarstellung haben und die Vorstellung genießen, dass sie gezeigt werden, wie sie Angst und Schrecken verbreiten.

3 *So könnte deine Lösung lauten:*
Mit einer Videoüberwachung würde der Vandalismus an den Schulen stark zurückgehen. In vielen Schulgebäuden sind Wände oder Gegenstände beschmiert oder

verschmutzt, sei es mit Graffiti oder durch so genannte Tags. An unserer Schule sind vor allem die Stellen, die schlecht einsehbar sind, betroffen. So sind die Wände im gesamten Fahrradkeller mit Graffiti aller Art überzogen, und auch der Durchgang zur Turnhalle ist verschmiert und mit Unrat übersät. Würde man hier gezielt Überwachungskameras einsetzen, würden diese Verschmutzungen sicher zurückgehen, da die Täter befürchten müssten, erwischt zu werden.

SEITE 48

4

These	Beleg / Beispiel
Die Videoüberwachung in Schulen bietet keinen echten Schutz.	Studien haben gezeigt, dass die Täter von Amokläufen nicht damit rechnen, nach der Tat unerkannt fliehen zu können. Sie wollen ja gerade ins Rampenlicht der Öffentlichkeit geraten. Daher bietet eine Videoüberwachung keine Abschreckung.
Mehr und bessere Aufsicht durch die Lehrkräfte unterbindet Vandalismus und Übergriffe wirksam.	Es ist allgemein bekannt, dass Schulen meist Probleme mit Vandalismus oder Kleinkriminalität haben. Diesen Problemen kann man viel besser mit mehr Aufsichten begegnen als mit einer Videoüberwachung.
Die Videoüberwachung von Schulen ist rechtlich fragwürdig.	Es müsste nach dem Gesetz genau festgelegt werden, welche Bereiche überwacht werden und wie lange die Aufzeichnungen gespeichert werden dürfen.
Die Videoüberwachung schreckt mögliche Täter ab und schafft mehr Sicherheit.	So ist zum Beispiel die Zahl der Straftaten auf öffentlichen Plätzen oder Bahnhöfen nach Einführung der Videoüberwachung deutlich zurückgegangen. Dies belegen Untersuchungen aus europäischen Großstädten wie London.

5 a)
Aufgreifen der Gegenposition; Entkräftung
Ich kann verstehen, dass sich viele Mitschüler/innen durch eine Videoüberwachung subjektiv sicherer fühlen würden. An jeder Schule gibt es Bereiche, die schwer einsehbar sind und auch nicht ständig von Lehrkräften beaufsichtigt werden können. Wenn man sich dort aufhalten oder diese Orte passieren muss, fühlt man sich nicht wohl und ist froh, wenn man wieder in einsehbareren und belebteren Bereichen angekommen ist. *Man sollte jedoch bedenken, dass auch eine Videoüberwachung keine vollständige Sicherheit garantieren kann.* Mögliche Täter werden sich dann Bereiche heraussuchen, die nicht oder nur unzureichend überwacht sind, oder ihre Aktivitäten auf den Schulweg verlagern. Untersuchungen aus amerikanischen Großstädten zeigen, dass die Videoüberwachung von zum Beispiel U-Bahnhöfen auf Dauer keine abschreckende Wirkung auf Straftäter hat.

5 b) *So könnte deine Lösung lauten:*
Viele Schüler/innen und auch deren Eltern argumentieren damit, dass sie sich an der Schule sicherer fühlen würden, wenn diese mit Videokameras überwacht würde. Ich kann verstehen, dass durch die Berichterstattung in den Medien über Amokläufe oder dergleichen Ängste oder das Gefühl einer allgemeinen Bedrohung bei Schülerinnen/Schülern wie bei Eltern entstehen können. Dem muss aber entgegengehalten werden, dass diese Fälle Gott sei Dank sehr selten sind. Auch ist es leider so, dass sich erwiesenermaßen brutale Gewalttaten oder gar Amokläufe durch Videoüberwachung nicht verhindern lassen. Die Täter werden nicht abgeschreckt, sondern durch den Gedanken,

dass ihre Tat quasi im Fernsehen zu sehen ist, sogar eher in ihrem Vorhaben bestärkt.

6 *So könnte deine Lösung lauten:*
Zunächst möchte ich anführen, dass die Videoüberwachung an Schulen nur wenig bewirken wird. Durch diese Maßnahme werden sich mögliche Täter nicht abhalten oder abschrecken lassen. Wie bei anderen Abschreckungsmaßnahmen ist es so, dass die möglichen Täter davon ausgehen, nicht erwischt zu werden. Wie die Statistiken aus amerikanischen Großstädten zeigen, hat durch die Videoüberwachung die Zahl der Straftaten in U-Bahnhöfen oder anderen öffentlichen Plätzen und Gebäuden nicht abgenommen. Dies wird an Schulen nicht anders sein. Außerdem ist zu bedenken, dass mehr Aufsichten effektiver wären als mehr Überwachungskameras.
Aufsichten könnten aktiv eingreifen. Wenn Aufsicht führende Lehrkräfte sehen, dass sich eine kritische Situation ergibt, könnten sie auch pädagogisch angemessen reagieren. Kritiker argumentieren zwar, dass dies zu teuer wäre und zu wenig Personal vorhanden sei, jedoch muss eingewendet werden, dass ja in der Regel genügend Lehrpersonal vor Ort ist. Es ist Aufgabe der Schulleitung, gegebenenfalls mehr Aufsichten einzuteilen. Außerdem könnten ältere Schüler/innen oder auch Eltern – ähnlich den Schulweghelfern – eingesetzt werden.
Mein ausschlaggebendes Argument ist aber, dass diese Form der Videoüberwachung einen unzulässigen Eingriff in die Privatsphäre darstellt. Die Kameras zeichnen ja dann rund um die Uhr alles auf. Dies beeinträchtigt die Privatsphäre der Schüler/innen in nicht hinnehmbarer Art und Weise. Es ist zwar mittlerweile auf vielen öffentlichen

Plätzen üblich, diese mit Video zu überwachen, jedoch muss man einwenden, dass die Menschen sich dort kaum länger aufhalten, sondern nur kurz vor Ort sind. An Schulen ist es aber so, dass diese für die Schüler/innen und Lehrkräfte den Lebens- und Arbeitsraum für mindestens einen halben Tag darstellen. Hier kommt es zu menschlichen Begegnungen, es kommt zu Beratungsgesprächen, Disziplinarmaßnahmen und vielem mehr. Dies alles kann und darf nicht aufgezeichnet werden. Zumal auch nicht klar ist, wer solche Aufzeichnungen überhaupt einsehen oder auswerten darf. Aus diesem Grund bin ich ganz klar gegen jegliche Videoüberwachung an Schulen.

SEITE 49

1 a)

Sprache/Ausdrucksfehler; **falscher Adressatenbezug**; *Thema nicht beachtet*

Hey, Leute, ihr habt sie bestimmt schon mal auf *Flughäfen, Bahnhöfen oder anderen öffentlichen Plätzen* gesehen: Überwachungskameras! Sie sollen helfen, unser Leben sicherer zu machen. Ich finde das voll daneben. Zuletzt habe ich darüber auch viel mit meinen Kumpels gequatscht, und es gab die unterschiedlichsten Meinungen dazu. Deshalb werde ich jetzt einen Aufsatz dazu schreiben und **euch** die Vor- und Nachteile, die da so genannt wurden, darlegen.

1 b) *So könnte deine Lösung lauten:*

Sie haben sie bestimmt schon mal auf Flughäfen, Bahnhöfen oder anderen öffentlichen Plätzen gesehen: Überwachungskameras! Sie sollen helfen, unser Leben sicherer zu machen. Jetzt wird an unserer Schule darüber diskutiert, ob diese Technik nicht auch bei uns auf dem Schulgelände installiert werden sollte. Ich finde das völlig unangebracht und überzogen. Ich werde im Folgenden darlegen, warum ich dieser Überzeugung bin. Ich werde auch auf die Gegenargumente eingehen, die ich aus Gesprächen mit Mitschülerinnen/Mitschülern heraus- gehört habe, und begründen, warum sie für mich nicht überzeugend sind.

2

Ich beziehe mich auf einen aktuellen Anlass.
~~Ich richte einen Appell an die Leserschaft.~~
~~Ich zähle kurz einige Argumente auf.~~
~~Ich stelle die Themafrage.~~
Ich schildere kurz ein persönliches Erlebnis.
Ich steige mit einem passenden Zitat ein.
Ich fasse zusammen, was mir zu diesem Thema bekannt ist.

SEITE 50

1

eigene Position; **Wiederholung wichtigstes Argument**; *Appell/Forderung*

Ich bin daher der Meinung, dass eine Videoüberwachung an unserer Schule abzulehnen ist. **Der Hauptgrund ist für mich, dass die Privatsphäre von Hunderten von Schüler/ innen dann nicht mehr gewahrt ist. Es geht niemanden etwas an, ob ich mir gerade die Kleidung richte oder etwas anderes tue. Selbst wenn die Aufzeichnungen irgendwann gelöscht werden, ist nicht sichergestellt, dass kein Unbefugter Zugriff auf die Überwachungsbilder bekommt.** *Um dem auf Grund der Vorfälle an den deutschen Schulen in*

den letzten Jahren gestiegenen Sicherheitsbedürfnis der Schüler/innen nachzukommen, sollten mehr Aufsichten durch Lehrkräfte eingeteilt werden. Hier hat man dann jederzeit einen persönlichen Ansprechpartner. Das ist auf jeden Fall einer anonymen Überwachung vorzuziehen. Diesen Vorschlag sollten wir Schüler/innen auf der nächsten Schulversammlung vorbringen!

2 *So könnte deine Lösung lauten:*

Es wäre meiner Meinung nach sehr wichtig, dass die Video- überwachung an unserer Schule eingeführt wird. Denn nur durch diese Maßnahme können die Sicherheit gesteigert und Gewalt sowie Vandalismus verhindert werden. Dann gehen hoffentlich bald alle Schüler/innen wieder ohne Angst zur Schule.

SEITE 53

1

ZÜ 1: Herabsenkung des Wahlalters in einzelnen Bundes- ländern
ZÜ 2: Politikdesinteresse bei den Jugendlichen?
ZÜ 3: Ausnahme Österreich
ZÜ 4: Parteien gefordert
ZÜ 5: Immer mehr Ältere bestimmen für die Jungen mit
ZÜ 6: Alternatives Familienwahlrecht

2

a) Bremen
b) Schrittweise Senkung des Wahlalters
c) In den Parteien SPD und CDU gibt es überwiegend alte Mitglieder.
d) der oder die Erziehungsberechtigte/n für jedes Kind ein zusätzliches Stimmrecht haben, bis dieses 18 Jahre alt ist.

SEITE 54

3

c) und b) sind richtig.

4

Pro: Jugendliche ausgeschlossen von politischer Willens- bildung (Z. 1f.), Jugendliche weiter/reifer als früher (ZÜ 2, 2. Absatz), Politikverdrossenheit als Folge des Nicht-wählen- Dürfens (ZÜ 2, 3. Absatz), demografischer Wandel begünstigt einseitig die „Alten" (ZÜ 5, 1. Absatz)
Kontra: kein Interesse an Politik (ZÜ 2, 1. Absatz und ZÜ 4, 2. Absatz), Jugendliche wählen unüberlegt, spontan und eher radikale Parteien (ZÜ 2, 3. Absatz), sind der hohen Verantwortung nicht gewachsen (ZÜ 5, 2. Absatz), wichtiger als Wählen: Jugendliche sollten dazu gebracht werden, in Parteien/Jugendorganisationen einzutreten (ZÜ 4, 2. Absatz)

5 *So könnte deine Lösung lauten:*

Ich bin der Meinung, dass der Artikel die Leser/innen eher davon überzeugen soll, das Wahlalter zu senken. So wird zum einem ausführlich die Meinung des Experten Hurrelmann zitiert, der eine schrittweise Herabsenkung des Wahlalters befürwortet (ZÜ 2, 2. Abschnitt), zum anderen werden mögliche Gegenargumente wie Desinteresse oder geringe Wahlbeteiligung durch denselben Experten widerlegt
(ZÜ 2, 3. Abschnitt). Mit dem im letzten Abschnitt vorge- stellten Familienwahlrecht wird zudem ein möglicher „dritter Weg" aufgezeichnet.

6

Kommunalwahlen (ZÜ 1, Z. 2): Wahlen in einer Gemeinde oder die Stadt

Landtagswahlen (ZÜ 1, Z. 5): Wahlen in einem Bundesland

dementieren (ZÜ 2, Z. 14): abstreiten

plädieren (ZÜ 2, Z. 2): sich für etwas aussprechen

7 *So könnte deine Lösung lauten:*

„Demografischer Wandel" bezeichnet eine Veränderung in der Bevölkerungsstruktur eines Landes; bezogen auf die Bundesrepublik ist damit gemeint, dass die Gesellschaft immer mehr altert.

SEITE 55

8 a)

Balkendiagramm

8 b)

Die Befragung fand in einer Realschule in Bayern statt.

9

Christian Fritsche, 2013

10

Pro: mehr Mitbestimmungsrecht, Zukunft mitgestalten, politische Reife/Wissen vorhanden, Interesse vorhanden
Kontra: fehlendes Wissen, kein Interesse, Unreife: Gefahr der Manipulation, Stimmenfang

SEITE 56

1

1. Belege und Beispiele zu den Argumenten überlegen bzw. aus dem Material entnehmen / 2. Pro- und Kontra-Argumente aus dem Text durch eigene ergänzen / 3. Einen Schreibplan entwerfen / 4. Den Hauptteil schreiben / 5. Die Einleitung planen und schreiben / 6. Den Schluss verfassen und dabei die eigene Meinung begründen und an die Leser appellieren / 7. Argumentation schreiben / 8. Den gesamten Text nochmals lesen und überarbeiten

2 *So könnte deine Lösung lauten:*

Gegenposition:

1. Stärkstes Argument (+++): Jugendlichen fehlt die Reife, um weit reichende politische Fragen zu überblicken und die Folgen ihrer Entscheidung zu bedenken.
   Beleg/Beispiel: Jugendliche entscheiden spontan und unreflektiert.
2. Weniger starkes Argument (++): Jugendliche haben kein Interesse, sich an politischen Diskussionen und Wahlen aktiv zu beteiligen.
   Beleg/Beispiel: Jugendliche gehen lieber ihrem Hobby nach.
3. Schwächstes Argument (+): Jugendliche wählen verstärkt radikale und Randparteien.
   Beleg/Beispiel: Es gibt zu diesem Thema Studien.

Meine Position:

1. Schwächstes Argument (+): Durch den demografischen Wandel sind die Jungen bei den Wahlen unterrepräsentiert.
   Beleg/Beispiel: Themen, die Jugendliche interessieren, werden vernachlässigt.
2. Weniger starkes Argument (++): Die Politikverdrossenheit der Jugendlichen ließe sich verringern.

Beleg/Beispiel: Unsere Demokratie bleibt nur lebendig, wenn die Jungen an ihr teilhaben.
3. Stärkstes Argument (+++): Jugendliche haben die nötige Reife, um an Wahlen teilzunehmen.
   Beleg/Beispiel: Beispiele finden sich in Österreich, Bremen und Brandenburg, wo es bereits Vorstöße in diese Richtung gab.

SEITE 57

3 *So könnte deine Lösung lauten:*

Gegner einer Herabsenkung des Wahlrechts führen oft an, dass den Jugendlichen die Reife fehlt, um solche weit reichenden politischen Fragen zu überblicken und die Folgen ihrer Entscheidung zu bedenken. Sie würden sich vielmehr mehr oder weniger spontan und unreflektiert entscheiden und sich dabei eher von der Sympathie zu bestimmten Politiker/innen oder einem lockeren und jugendgemäßen Auftreten von Parteien leiten lassen. Dem muss entgegnet werden, dass dies auch für viele andere Wähler zutrifft. Auch ältere Menschen entscheiden oft nach dem Aussehen von Politikern und übersehen die politischen Inhalte oft nicht. Auch ist festzustellen, dass Jugendliche heutzutage einfach weiter in ihrer Entwicklung sind als noch vor 20 oder 30 Jahren, wie der Experte Hurrelmann beurteilt (ZÜ 3, Z. 11–12). Er folgert daraus: „Deshalb wäre es klug, das Mindestwahlalter schrittweise herunterzusetzen" (ZÜ 3, Z. 12–13).

Außerdem wird manchmal argumentiert, dass Jugendliche gar kein Interesse hätten, sich aktiv an politischen Diskussionen und somit auch an Wahlen zu beteiligen. Sie würden sich vielmehr um Privates kümmern und in ihrer Freizeit ihren Hobbys nachgehen, mit Freunden feiern und das Leben genießen. Dem ist einerseits zuzustimmen, andererseits stellt Jugendforscher Hurrelmann fest: „Es gibt politisch interessierte Jugendliche, aber sie wünschen sich eine politische Struktur der Beteiligung, bei der sie direkt mitwirken und mitbestimmen können" (ZÜ 2, Z. 15–17).

Außerdem zeigen die Ergebnisse der Bürgerschaftswahlen in Bremen, dass sich jugendliche Erstwähler zwischen 16–20 Jahren stärker an der Wahl beteiligten als die Gruppe der 21- bis 25-Jährigen (ZÜ 2, Z. 24–25).

Verschiedentlich ist auch noch zu hören, dass Jugendliche verstärkt radikale und Randparteien wählen würden. Somit würden diese dann auch in die Parlamente einziehen und eine ernsthafte Politik und Mehrheitsfindung erschweren. Das trifft sicher zu, ist aber in einer Demokratie ein ganz normaler Vorgang. Senioren wählen eher Parteien und Politiker, die sich für ihre Interessen einsetzen, und junge Menschen eben andere. Außerdem wäre es dann gerade auch die Aufgabe der etablierten Parteien, die Jugendlichen für sich zu gewinnen. Politikwissenschaftler Probst von der Universität Bremen mahnt deshalb: „Da müssen die Parteien vor allen Dingen viel tun. Junge Leute treten heute kaum noch in Parteien ein, das ist langweilig, zu einer Parteiversammlung zu gehen" (ZÜ 4, Z. 6–7).

Nachdem ich nun die Hauptargumente der Gegner einer Absenkung des Wahlrechts dargelegt habe, komme ich zu dem Argumenten, die dafür sprechen, dass Wahlalter zu senken. Als Erstes fällt mir dazu ein, dass durch den demografischen Wandel in Deutschland ohnehin schon die Zahl der älteren Mitbürger zunimmt und somit auch ihr Gewicht bei den Wahlen. Dadurch kommt es dazu, dass

Themen, die Jugendliche interessieren, wie zum Beispiel die Frage des Urheberrechts im Internet oder Schul- und Bildungspolitik, zu wenig berücksichtigt werden. Um dem entgegenzuwirken hat auch der Rat der Europäischen Union ausdrücklich gefordert, das Wahlalter anzupassen (vgl. ZÜ 5, Z. 2–4).

Ebenso muss man berücksichtigen, dass sich durch eine Herabsenkung des Wahlalters die weit verbreitete Politikverdrossenheit der Jugendlichen verringern ließe. Unsere Demokratie bleibt nur dann lebendig, wenn sich möglichst viele Menschen für politische Fragen interessieren und bereit sind, Zukunftsfragen unserer Gesellschaft aktiv mitzuentscheiden. Dazu gehört eine Veränderung der Organisation des politischen Systems, zu der auch eine Herabsenkung des Wahlalters zu zählen ist, wie der Experte Hurrelmann (ZÜ 2, Z. 17–20) feststellt.

Am wichtigsten aber erscheint mir, dass Jugendliche heutzutage durchaus die nötige Reife mitbringen, um in politischen Dingen mitentscheiden zu können. Nachdem die Politik auf vielen Gebieten heute die Weichen für die Zukunft der heranwachsenden Generationen stellt, ist es ein berechtigtes Anliegen der jungen Menschen, dabei auch mitzuwirken. Dass dies sinnvoll ist, beweist die Umfrage an einer bayerischen Realschule (vgl. ZÜ 3), und die Vorstöße der Bundesländer Bremen und Brandenburg (ZÜ 1, Z. 4–7). In keinem dieser Länder ist deswegen das Chaos ausgebrochen oder haben sich überwiegend radikale Parteien oder Randgruppen durchgesetzt.

4 a) *So könnte deine Lösung lauten:*
Ich halte (2) für am gelungensten, da hier gleich auf die Textgrundlage und das Thema eingegangen wird. (1) ist in der Anrede nicht angemessen und (3) schweift durch die Erwähnung von Führerschein oder Vereinen vom Thema ab.

4 b) *So könnte deine Lösung lauten:*
Wählen mit 16? So lautet der Titel eines interessanten Zeitungsartikels, den ich gelesen habe. Dort stand, dass in Bremen 2011 schon 16-Jährige an der Bürgerschaftswahl teilnehmen durften. Auch in Österreich ist so etwas schon seit 2007 möglich. Ich möchte euch daher im Folgenden erläutern, welche Argumente man für und gegen ein vorgezogenes Wahlrecht mit 16 ins Feld führen kann, und dabei auch meine eigene Meinung darstellen.

5 *So könnte deine Lösung lauten:*
Wie ich im Hauptteil dargelegt habe, bin ich der Meinung, dass die Pro-Argumente überwiegen. Allein schon, dass die Länder Bremen, Brandenburg sowie Österreich das Wahlrecht mit 16 schon eingeführt haben, ohne dass irgendwelche negativen Auswirkungen bekannt wurden, zeigt, dass es funktioniert. Man sollte daher daran denken, diese Neuerung auch für Bundestagswahlen einzuführen. Durch die Möglichkeit, mitzubestimmen, würden sich dann auch bestimmt wieder mehr Jugendliche für Politik interessieren.

6 b) *So könnte deine Lösung lauten:*
Wählen mit 16? Die Zeit ist reif!

SEITE 58

1 a)
1. Koch/Köchin: Zuverlässigkeit, Teamfähigkeit, gute Umgangsformen, Kreativität, Leidenschaft zum Kochen, Belastbarkeit, Lernbereitschaft, Kundenorientierung
2. Friseur/in: handwerkliches Geschick, gepflegtes Äußeres, freundliches Auftreten, Flexibilität, Zuverlässigkeit, Kundenorientierung, Auffassungsfähigkeit/-gabe, Sorgfalt/Genauigkeit
3. Zahnmedizinische/r Fachangestellte/r: gute Umgangsformen, gepflegtes Erscheinungsbild, Kommunikationsstärke, Teamfähigkeit, Pünktlichkeit, Zeitmanagement, Verschwiegenheit, Diskretion, Belastbarkeit, Wissbegierde
4. Bürokauffrau/-mann: Interesse für organisatorische Tätigkeiten, Teamfähigkeit, gutes Zahlenverständnis, gute Englischkenntnisse, Lernbereitschaft, Flexibilität, Kundenorientierung, Kommunikationsfähigkeit, Zuverlässigkeit

SEITE 59

1 b) *Lösung siehe Seite* 17 *oben*

SEITE 60

2 a)
B: „Wenn etwas Ungeplantes passiert, bleibe ich gelassen. Bei unserer Abschlussfahrt habe ich mit für eine Lösung gesorgt, als unser Zug ersatzlos gestrichen wurde."

2 b)
In Antwort C werden umgangssprachliche Ausdrücke verwendet. Außerdem tritt die Bewerberin/der Bewerber etwas zu forsch auf. / Die Bewerberin/der Bewerber formuliert in Antwort B sachlich und wenig umgangssprachlich. Für eine genannte Stärke wird ein Beispiel genannt. / Antwort D ist zu bescheiden und zurückhaltend. / In Antwort A werden Stärken und Fähigkeiten nur aufgezählt. Sie bleiben ohne Beispiele wenig überzeugend.

SEITE 61

3
~~„Eigentlich gar keins. Bin total froh, dass die Schule bald vorbei ist."~~/„In der Werbeagentur konnte ich einen ganz guten Einblick in die Entwicklung von Werbekampagnen bekommen. Bei kleineren Recherchearbeiten durfte ich mithelfen. Außerdem habe ich gelernt, wie wichtig ein guter Kundenkontakt ist."/~~„Am liebsten gehe ich mit Freunden shoppen. Wir verbringen meist den ganzen Tag zusammen und haben viel Spaß."~~/„Manchmal verliere ich bei der Arbeit den Überblick, weil ich viele Ideen auf einmal habe. Da könnte ich manchmal etwas sorgfältiger sein."/ „Ihre Homepage hat mich sofort angesprochen. Besonders gefällt mir, dass Sie sich auf Rennräder spezialisiert haben."

Lösung zu Seite 59, Aufgabe 1b)

Marek hört bei Diskussionen in der Klasse gut zu, bleibt sachlich und bezieht die Äußerungen anderer mit ein. → Kommunikationsstärke	Antonia absolviert ihr Schulpraktikum in einer Bäckerei. Sie ist zu den Kunden freundlich und erfüllt auch Extrawünsche. → Kundenorientierung
In der Projektwoche helfen Sinan und Lea beim Theaterprojekt tatkräftig mit. Als kurz vor der Abschlussvorstellung die Zeit knapp wird, bleiben sie zweimal bis spätabends in der Schule. → Zuverlässigkeit, Belastbarkeit	Celina achtet bei der Gruppenarbeit darauf, dass sich alle an den verabredeten Zeitrahmen halten. → Zeitmanagement
Bei ihrem Praktikum bei einem Tierarzt erfahren Tom und Aynur einiges über die Besitzer/innen der behandelten Tiere. Trotzdem sprechen sie nur miteinander und nicht mit anderen Freunden darüber. → Verschwiegenheit, Diskretion	Kian erfährt kurz vor Beginn der Projektwoche, dass er doch nicht bei dem Projekt seiner Wahl mitmachen kann. Er entscheidet sich daraufhin für ein anderes Projekt, das ihn eigentlich gar nicht so interessiert. → Flexibilität
Anna verbringt am „Girls' Day" einen Tag in einer Kfz-Werkstatt. Arbeitsabläufe muss man ihr immer nur einmal erklären, dann weiß sie, was zu tun ist. → Auffassungsfähigkeit/-gabe, handwerkliches Geschick	Nach einem Praktikum in einer Computerfirma interessiert sich David für die neuesten Computertrends und informiert sich regelmäßig darüber. → Lernbereitschaft

SEITE 63

2 a)
vorbehaltlich der Regelungen (Abschnitt C): in Abhängigkeit von den Regelungen
die Vergütung (Abschnitt E): der Lohn
gewähren (Abschnitt G): zugestehen

2 b) und **c)**

Der Text ...	Richtig	Falsch
Der Lohn, den die/der Auszubildende erhält, wird von Jahr zu Jahr erhöht.	x	
Zu einer Bürokauffrau/zu einem Bürokaufmann wird man in vier Jahren ausgebildet. [Richtig wäre: Zu einer Bürokauffrau/zu einem Bürokaufmann wird man in **drei** Jahren ausgebildet.]		x
Bei dieser Ausbildung gibt es keine Probezeit. [Richtig wäre: Bei dieser Ausbildung gibt es **eine viermonatige Probezeit**.]		x
Die/Der Auszubildende hat pro Jahr Anspruch auf 24 Werktage Urlaub.	x	
Der/Die Auszubildende arbeitet mehr als zehn Stunden pro Werktag. [Richtig wäre: Der/Die Auszubildende arbeitet **acht** Stunden pro Werktag.]		x

SEITE 64

1 a) *So könnte deine Lösung lauten:*
Es wird in den Auszügen aus den AGB beantwortet, welche Rechte und Pflichten ich habe, wenn ich mir etwas bei der Firma *Miropa* bestelle.

SEITE 66

2
3. Zahlung, Lieferzeiten, Lieferpartner / 4. Widerrufsrecht/
4.1 Widerrufsfolgen / 5.1 Freiwilliges Rückgaberecht bis zu
100 Tagen nach Warenerhalt /6. Eigentumsvorbehalt

	Zeilen
Du kannst deine Vertragserklärung in schriftlicher Form innerhalb von zwei Wochen widerrufen. Dafür musst du keine Gründe angeben.	28–29
Wertersatz musst du nur dann leisten, wenn die Verschlechterung einer Ware nicht beim Testen und Ausprobieren entstanden ist.	40–43
Neben dem gesetzlichen Widerrufsrecht räumt *Miropa* dir das freiwillige Rückgaberecht ein. Dieses gilt hundert Tage ab Erhalt der Ware.	59–61
Du gerätst mit der Zahlung in Rückstand, wenn du die Ware nicht innerhalb von zwei Wochen bezahlst.	17–19
Kannst du eine erhaltene Ware nicht, nur teilweise oder in einem verschlechterten Zustand zurückgeben, musst du Wertersatz leisten.	40–43
Du hältst die Frist des freiwilligen Rückgaberechts ein, wenn du die Ware innerhalb von 100 Tagen zurückschickst.	59–61

SEITE 67

4 b)

Ich kann ...	Ich muss ...
... per Vorkasse, Kreditkarte, Rechnung und PayPal zahlen. ... meine Vertragserklärung innerhalb von 14 Tagen ohne Angabe von Gründen in Textform oder durch Rücksendung der Sache widerrufen. ... die Ware nach Erhalt innerhalb von 100 Tagen zurücksenden, wenn sie vollständig und unversehrt ist.	... innerhalb von 14 Tagen nach Erhalt der Ware zahlen. ... bei einem wirksamen Widerruf meine empfangene Leistung zurückgewähren. ... Wertersatz leisten, wenn die empfangene Leistung nicht oder teilweise nicht oder in verschlechtertem Zustand von mir zurückgegeben wird. ... Verpflichtungen zur Erstattung von Zahlungen innerhalb von 30 Tagen erfüllen.

5
A ... innerhalb von zwei Wochen widerrufen, ohne dies begründen zu müssen. (Z. 28–29)
B ... keinen Gebrauch machen, weil die Frist von hundert Tagen abgelaufen ist. (Z. 59–61)
C ... nun innerhalb von zwei Wochen bezahlen. (Z. 17–19)
D ... von Marek keinen Wertersatz verlangen, weil die Jacke bei einer Anprobe-Situation kaputtgegangen ist. (Z. 40–43)

SEITE 69

3 *So könnte deine Lösung lauten:*
Wann? 08.05.1985 (40. Jahrestag der Beendigung des Zweiten Weltkrieges)/Wer? Richard Karl Freiherr von Weizsäcker (geb. 1920), CDU, 1981–1984 Regierender Bürgermeister von Berlin, 1984–1994 Bundespräsident der Bundesrepublik/An wen? Deutscher Bundestag/Aus welchem Anlass? 40. Jahrestag der Beendigung des Zweiten Weltkrieges

SEITE 70

4 b) *So könnte deine Lösung lauten:*
Deutsche Einheit, Zukunft in Frieden, Einigkeit in Europa, Gefahr des Vergessens

4 c) *So könnte deine Lösung lauten:*
Vom geteilten Deutschland kann kein Friedenswille ausgehen. Geschichte muss zukünftiges Handeln bestimmen. Der Mensch als solcher ist weiterhin fähig zu Unrecht und Krieg.

5 *So könnte deine Lösung lauten:*
Die junge Generation soll nicht vergessen, sondern Lehren ziehen aus der Vergangenheit und ein Bewusstsein für die eigene Fähigkeit zu Unrecht entwickeln.

6 *So könnte deine Lösung lauten:*

Rhetorische Mittel	Text-stelle	Funktion/Wirkung
Verwendung des Pronomens „wir"	Zeilen 1–4	Betonen/Wecken eines Gefühls der Zusammengehörigkeit
Anapher	Zeilen 27–33	Betonung des Zeitraums, der seit dem Krieg verstrichen ist
Rhetorische Fragen	Zeilen 17–18	Einbezug des Publikums

2 a) und **b)** *So könnte deine Lösung lauten:*
Sie können mir folgen./Die Luft ist rein ...
1. Es folgt niemand, wir werden nicht verfolgt.
2. Die Luft ist sauber, nicht verschmutzt.
Je mehr wir über Schadstoffausstoß nachdenken, desto weniger kommt dabei heraus.
1. Wir denken viel nach, aber finden keine Lösung.
2. Wir haben nachgedacht und Rußpartikelfilter serienmäßig eingesetzt, sodass nun weniger Rußpartikel in die Luft abgesondert werden.

4 *So könnte deine Lösung lauten:*
Der Ober wird wahrscheinlich glauben, dass die Behauptung des Gastes unwahr ist.

SEITE 72

1
[...] Inzwischen gibt es eine Abmilderung des Trends hin zu Markenprodukten. Allerdings ist die Kommerzialisierung des Jugendalltags ungebrochen. Heutzutage organisieren zum Beispiel rund 90 % der Jugendlichen ihre Verabredungen per Handy. Damit ist ein zentrales Handlungsfeld des Jugendalltags, nämlich der Austausch untereinander, „geldpflichtig" geworden. [...] Ein Drittel aller Jugendlichen ab der 9. Jahrgangsstufe sorgt so für eine Aufbesserung seines Konsumbudgets. [...] Sie bedeuten Anerkennung in der Erwachsenenwelt, Selbstbestimmung, Spaß und Geld. [...] Er steht für Ablösung vom familiären Konsum und zunehmende Selbstbestimmung. [...]

2 *So könnte deine Lösung lauten:*
Inzwischen ist der Trend hin zu Markenprodukten abgemildert. / Allerdings wird der Jugendalltag ungebrochen kommerzialisiert. / Heutzutage verabreden sich zum Beispiel rund 90 % der Jugendlichen per Handy. / Damit ist ein zentrales Handlungsfeld des Jugendalltags, nämlich sich untereinander auszutauschen, „geldpflichtig" geworden. / Ein Drittel aller Jugendlichen ab der 9. Jahrgangsstufe bessert so sein Konsumbudget auf. / Sie bedeuten, dass die Jugendlichen in der Erwachsenenwelt anerkannt werden, selbst bestimmen und Spaß und Geld haben. / Er steht dafür, sich vom familiären Konsum abzulösen und zunehmend selbst zu bestimmen.

3
Personalpronomen; Possessivpronomen; Relativpronomen
Bis in die 1960er-Jahre sind **es** nur einzelne Objekte, **die** von Jugendlichen gekauft werden (Kofferradio, Fahrrad) und zum Jugendalltag gehören. Jugendtypische Kleidung, **die** sich in der Öffentlichkeit bemerkbar macht, gibt **es** erst in den Nach-68ern. In den 1980er-Jahren existiert bereits ein komplettes Set, **das** aus jugendkulturellen Objekten (Walkman, Schuhe, Markenkleidung etc.) besteht. [...] Heutzutage organisieren zum Beispiel rund 90 % der Jugendlichen ihre Verabredungen per Handy. [...] Die Mittel für ihre Ausgaben verdienen immer mehr Jugendliche mit Nebenjobs. Ein Drittel aller Jugendlichen ab der 9. Jahrgangsstufe sorgt so für eine Aufbesserung seines Konsumbudgets. [...] Jobs sind für **sie** der „Schlüssel zur Konsumwelt". **Sie** bedeuten Anerkennung in der Erwachsenenwelt, Selbstbestimmung, Spaß und Geld. [...] **Er** steht für Ablösung vom familiären Konsum und zunehmende Selbst-

bestimmung. Jugendliche sehen den Job aber nicht nur als Geldquelle, **sie** sehen ihn auch als eine Chance des Kompetenzerwerbs in der Erwachsenenwelt.

4
jugendtypische Kleidung, ein komplettes Set, jugendkulturelle Objekte, ein zentrales Handlungsfeld, selbst finanzierte Konsum, eine wichtige Rolle, (von dem) familiären Konsum, zunehmende Selbstbestimmung

SEITE 73

2 a)
Passivsatz; Modalverb
Über Konsum wird vor allem angezeigt, was richtig und was unpassend ist. [...] Ob Jugendliche integriert werden können oder ausgeschlossen werden sollen, entscheidet also auch der Konsum. Früher wurde in Regeln und Vorschriften gefasst, „was man tut" und was als „passend"/ „unpassend" galt. Dies wird nun an den Markt delegiert. [...]

2 b)
Über Konsum zeigen Jugendliche vor allem an, was richtig und was unpassend ist. / Ob ihre Peers die Jugendlichen integrieren oder ausschließen, entscheidet auch der Konsum. / Früher fasste die Gesellschaft in Regeln und Vorschriften, „was man tut" und was als „passend" / „unpassend" gilt. / Dies delegieren die Menschen nun an den Markt.

3 a), b) und **c)**
Noch nie **hatten** Kinder und Jugendliche in Deutschland so viel Geld (Präteritum). Die Kaufkraft der Jugendlichen **hat** in den letzten Jahrzehnten kontinuierlich **zugenommen** (Perfekt). So **verfügen** junge Menschen zwischen 15 und 20 Jahren **heute** über die stolze Summe von 17,7 Mrd. Euro (Präsens). Und diese Summe **steht** ihnen jährlich zur Verfügung (Präsens)! Auch in den kommenden Jahren **werden** Jugendliche eine beliebte Zielgruppe für Marketing und Werbung **bleiben** (Futur I).

4 a)
Manche Erwachsene denken, junge Menschen gingen häufig nicht verantwortungsvoll mit Geld um. Sie meinen, Jugendliche konsumierten zu viel und dächten nur an ihr Vergnügen, ohne sich wirklich Gedanken zu machen. Es sei jedoch wichtig, über das eigene Konsumverhalten nachzudenken.

4 b)
Manche Erwachsene denken: „Junge Menschen gehen häufig nicht verantwortungsvoll mit Geld um." Sie meinen: „Jugendliche konsumieren zu viel und denken nur an ihr Vergnügen, ohne sich wirklich Gedanken zu machen. Es ist jedoch wichtig, über das eigene Konsumverhalten nachzudenken."

SEITE 74

1

Wer oder was wendet eine Vielzahl von psychologischen Tricks an, um das Kaufverhalten der Kunden zu beeinflussen? (Subjekt) / Wen oder was gibt es, damit die Kunden das Gefühl haben, sie müssten sie füllen? (Akkusativobjekt) / Was für Gerüche riecht der Kunde oft auch? (Attribut) / Warum stehen teure Produkte stets in Griffhöhe? (adverbiale Bestimmung des Grundes) / Was geschieht mit Produkten zu Normalpreisen? (Prädikat) / Wo werden stets Süßwaren angeboten? (adverbiale Bestimmung des Ortes)

2 *So könnte deine Lösung lauten:*
1. Heutzutage werden durch eine gelungene Verkaufsraumgestaltung selbst unauffällige Produkte attraktiv dargeboten.
2. Selbst unauffällige Produkte werden heutzutage durch eine gelungene Verkaufsraumgestaltung attraktiv dargeboten.
3. Attraktiv dargeboten werden heutzutage selbst unauffällige Produkte durch eine gelungene Verkaufsraumgestaltung.
4. Durch eine gelungene Verkaufsraumgestaltung werden selbst unauffällige oder uninteressante Produkte heutzutage attraktiv dargeboten.

3

In der Vergangenheit – adverbiale Bestimmung der Zeit / wurden eingesetzt – Prädikat / Düfte oder Gerüche – Subjekt / kaum – adverbiale Bestimmung der Zeit / gezielt – Attribut / in den Verkaufsräumen – adverbiale Bestimmung des Ortes

SEITE 75

1 und **2**

Hauptsatz; *Nebensatz*
Das Internet ermöglicht es, *viele Anbieter und Produkte in kürzester Zeit miteinander zu vergleichen*, wobei aber auch hier der Preis natürlich eine wichtige Rolle spielt. *Wenn Kunden online einkaufen*, zeigen sie tendenziell ein vernünftigeres Einkaufsverhalten als beim physischen Einkauf im Einkaufszentrum. Sie werden natürlich auch im Internet gezielt beeinflusst, *indem ihre Emotionen geweckt werden.* Die Farbgestaltung und auch das allgemeine Design der Seite spielen eine wesentliche Rolle, sogar ein „menschlicher" Einkaufs- und Produktassistent kann die Kunden beeinflussen. Weitere Einflussmöglichkeiten sind außerdem Produktempfehlungen von bisherigen Kunden und auch Videos, *die die Produkte präsentieren, wenn die Kunden diese Einflüsse als positive Reize wahrnehmen.*

3
a) Hauptsatz – Nebensatz – 2. Nebensatz;
b) Hauptsatz – Nebensatz – 2. Nebensatz

5 a)

Freunde gehen miteinander bummeln und einkaufen in der Stadt. Gruppenzwang hat dabei einen Effekt auf das Kaufverhalten. Beim Online-Shopping bewirken soziale Netzwerke Ähnliches. Soziale Netzwerke nehmen in ihrer Bedeutung kontinuierlich zu. Mittlerweile hat zum Beispiel die Mehrheit der Unternehmen eine eigene Fanpage auf Facebook. Diese Fanpage bietet eine Möglichkeit. Es können

dort nämlich direkt Verkäufe ausgelöst werden. Oft verbreiten sich diese Informationen auch über Mundpropaganda. Käufer informieren sich beim Thema „Shopping" auch bei Freunden. Käufer informieren sich bei Verwandten.

5 b)

Freunde gehen miteinander bummeln und einkaufen in der Stadt, dabei hat Gruppenzwang einen Effekt auf das Kaufverhalten. / Beim Online-Shopping bewirken Netzwerke Ähnliches, denn sie nehmen in ihrer Bedeutung kontinuierlich zu. / Mittlerweile hat zum Beispiel die Mehrheit der Unternehmen eine eigene Fanpage auf Facebook, die die Möglichkeit bietet, direkt Verkäufe auszulösen. / Käufer informieren sich beim Thema „Shopping" auch bei Freunden oder Verwandten.

SEITE 76

2

[…] Die Verbraucher möchten umweltgerecht konsumieren und einkaufen. Die Verbraucher möchten dabei aber auch genussvoller leben. / Die Verbraucher möchten umweltgerecht konsumieren und einkaufen, dabei möchten sie aber auch genussvoller leben.
Ein nachhaltiger Umgang mit Lebensmitteln ist oft gar nicht so schwer. Ein nachhaltiger Umgang mit Lebensmitteln muss auch nicht immer teurer sein – im Gegenteil. / Ein nachhaltiger Umgang mit Lebensmitteln ist oft gar nicht so schwer und muss auch nicht immer teurer sein – im Gegenteil.
[…] Es gibt beispielsweise andere Höfe. Diese Höfe bieten ihren Hühnern Auslauf und füttern ihre Hühner traditionell mit Küchenresten – ganz ohne Siegel. / Es gibt beispielsweise andere Höfe, die ihren Hühnern Auslauf bieten und sie traditionell mit Küchenresten füttern – ganz ohne Siegel.
Auch für Rinder gibt es traditionelle Haltungsformen. Bei diesen Haltungsformen hat man das Gefühl, das Tier habe zwar ein kurzes, aber gutes Leben. […] / Auch für Rinder gibt es traditionelle Haltungsformen, bei denen man das Gefühl hat, das Tier habe zwar ein kurzes, aber gutes Leben.

SEITE 77

1

„Der Besuch der alten Dame" ist ein Drama von Friedrich Dürrenmatt aus dem Jahr 1956. Es spielt in der Kleinstadt Güllen in der Nähe der deutsch-schweizerischen Grenze und handelt von der Milliardärin Claire Zachanassian. Claire Zachanassian kehrt nach Güllen zurück. Sie will sich dort an ihrem ehemaligen Geliebten Alfred rächen. Klara Wäscher wird in ihrer Jugend von ihrem damaligen Freund Alfred schwanger. Dieser/Alfred leugnet die Vaterschaft jedoch. Bei einem Prozess gegen Alfred gewinnt er/dieser jedoch, indem er Zeugen besticht. Daraufhin verlässt Klara die Kleinstadt Güllen verarmt und entehrt. Durch mehrere Ehen wird Klara sehr vermögend. Die Milliardärin nennt sich nun Claire Zachanassian. Nach über 45 Jahren kehrt die alte Dame in ihren Heimatort zurück. Güllen ist inzwischen verkommen und schmutzig. Claires ehemaliger Liebhaber Alfred ist mittlerweile 70 Jahre alt.

1

<u>Nomen</u>; *Verben*; **Adjektive**
Viele <u>Sachen</u>, die eigentlich zum <u>Wegwerfen</u> zu schade <u>sind</u>, *landen* häufig dennoch im <u>Müll</u>. Man *kann* jedoch <u>Sachspenden</u> auch an **wohltätige** <u>Einrichtungen</u> *geben*. Diese *reichen* <u>Spenden</u> in der <u>Regel</u> kostenlos an <u>Bedürftige</u> *weiter*. Im <u>Falle</u> eines <u>Weiterverkaufs</u> *kommen* die <u>Erlöse</u> meist **sozialen** <u>Projekten</u> zugute.

2

Ein – unbestimmter Artikel / Käufer – Nomen /
wirft – Prädikat / benutzte – Adjektiv /
Gegenstände – Nomen / nicht – Adverb /
in – Präposition / den – bestimmter Artikel / Müll – Nomen

3 a)

Ein Käufer <u>hat</u> einen Gegenstand <u>benutzt</u>. / Er <u>wirft</u> diesen jedoch nicht <u>weg</u>, sondern <u>gibt</u> ihn <u>weiter</u> an andere Konsumenten. / Davon <u>wird</u> langfristig nicht nur der Kunde <u>profitieren</u>, weil er Geld <u>spart</u>, sondern auch die Umwelt, weil weniger Ressourcen <u>verbraucht werden</u>. / In der Vergangenheit <u>machten</u> sich noch nicht so viele Menschen Gedanken über Nachhaltigkeit. / Auch die Umwelt und die Industrie <u>hatten</u> noch nicht <u>profitiert</u>, bevor Kunden nachhaltiger <u>einkauften</u>, d.h. langlebigere, hochwertigere und teurere Gegenstände.

3 b)

Futur I: wird profitieren; werden konsumieren müssen
Plusquamperfekt: hatten profitiert
Präsens: wirft weg; gibt weiter; spart
Präteritum: machten; einkauften
Perfekt: hat benutzt

4

richtig: *wenn*: Konjunktion / *produziert*: Verb /
kann: Hilfsverb / *gerechter*: Adjektiv
falsch: *Güter*: Adjektiv / *nachhaltig*: Adverb /
auch: Pronomen

5 a) und **b)**
Das Zuhause, Familie oder Freunde verbinden wir häufig mit dem Begriff Heimat. (2) / Heute ist Heimat für den einen der Stadtteil, aus dem er stammt. (1) / Für den Nächsten ist es an gar keinen speziellen Ort gebunden, sondern z. B. an das vertraute Essen. (3) / Damit man ein positives Gefühl von Heimat entwickeln kann, muss man sich in jedem Fall vertraut und wohlfühlen. (3) / Die Muttersprache macht ebenfalls immer ein Stück Heimat aus, in ihr denken, fühlen und träumen wir oft. (4), (2)

6
falsch: besteht aus einer Satzreihe / richtig: besteht aus einem Satzgefüge / richtig: enthält mehr als einen Nebensatz /
falsch: enthält mehr als einen Hauptsatz

7
Wegen ihres großen Heimwehs – adverbiale Bestimmung der Art und Weise / während ihres Au-pair-Jahres – adverbiale Bestimmung der Zeit / telefonierte – Prädikat / Sarah – Subjekt / jeden Abend – adverbiale Bestimmung der Zeit / mit ihren Eltern oder Freunden – Attribut

4
Australien soll nun zuerst einen Bericht über die umsetzung (Umsetzung) der Schutzmassnamen (Schutz-maßnahmen) vorlegen. Danach will die UNESCO eine entscheidung (Entscheidung) über den Listeneintrag trefen (treffen). Zudem fordert das Welterbekomitee, dass (Z) eine unabhengige (unabhängige) Untersuchung in bezug (Bezug) auf die Vertiefungsarbeiten im Hafen von Gladstone in Queensland statt findet (stattfindet). Auch die auswirkungen (Auswirkungen) beim bau (Bau) eines Gasterminals, das auf der benachbarten Curtis-Insel entsteht, sollen nach Ansicht der UNESCO nochmals deteilliert (detailliert) untersucht werden. Australien ist der weltgrößte Kohleexportör (Kohleexporteur). Ein grosser (großer) Teil wird speziel (speziell) von Häfen nahe des Great Barrier Reefs verschift (verschifft). In Australien wurde die UNESCO-Kritick (Kritik) im übrigen (Übrigen) scharf zurück gewiesen (zurückgewiesen). Man werde die Umwelt schützen, aber (Z) die wirtschaftliche Zukunft nicht außer acht (Acht) lassen oder gefärden (gefährden). „Wir sind im Kohlegeschäft. Wenn wir gute Krankenhäuser und Schulen wolen (wollen) und Polizisten auf Streife, dann müßen (müssen) das alle einsehen", so schluss folgert (schlussfolgert) Premierminister Newman.

5
Nach Angaben des Umweltministers kann sein Lan<u>t</u> (6) einige der Empfehlungen aus dem UNESCO-Bericht nicht <u>umsetzen, da</u> (3) die genehmigungen (5) für die betroffenen Infrastrukturprojekte bereits erteilt worden seien. Der Umweltminister re<u>u</u>mte (9) <u>ein, dass</u> (7) sich das Great Barrier Reef an einem „Scheideweg" befinde. Seine regierung (E) sei sich der Herausforderungen bewußt (1). […] Die Aktivisten fordern seit Jahren einen s<u>t</u>erkeren (2) Schutz des Ökosystems Great Barrier Reef.

1
Beim **Fahren** auf der A9 stockt der Verkehr. Doch Nico Kämpchen sitzt entspannt hinterm Steuer, denn ihm steht ein Pilot zur **Verfügung** – ein ganzer Kofferraum voller **Rechner**, Netzwerktechnik, Laser, Ultraschall, Kameras und GPS **sorgt** dafür, dass sein Fahrzeug von **allein** fährt. Das **Drücken** des Knopfes für den Automatikmodus bewirkt, dass die Limousine Gas gibt, bremst oder beschleunigt. Ingenieur Kämpchen hatte offensichtlich Erfolg beim **Knacken** des Rätsels eines **selbstständigen** Automobils. Dies sei für den Ingenieur schon als Kind eine große **Faszination** gewesen.

2
Die Technik kann sensationelles. Der Ingenieur hat seinem system sogar etwas neues beigebracht – auf den verkehr links und rechts zu achten. Selbst das überholen langsamerer fahrer schafft der Prototyp mit maximal 130 Stundenkilometern. Beim einfädeln anderer Autos auf die Autobahnauffahrt wechselt er sogar die Spur. Das Ziel des Ingenieurs ist die vermeidung von Staus und Kollisionen auf immer volleren Straßen.

3

1. Wer viele Jahre im voraus Autos für die Zukunft entwickelt, nimmt nur indirekt Einfluss auf das Straßenbild. (2)/2. Eine technische Neuerung von heute kommt nicht schon Morgen auf den Markt. (7)/3. In der Vorausentwicklung wird viel schönes und technisch anspruchsvolles angeboten. (6), (3)

4. Die entscheidung, was schließlich über unsere straßen fährt, treffen ingenieure nicht allein, sondern erst das Management einer Firma und dann der Kunde. (1)/(2), (4), (6)

SEITE 83

1

Wenn wir <u>schnell laufen</u>, können wir das ein paar Minuten – manche länger, manche kürzer. <u>Müde sein</u> – das gehört bei körperlicher Anstrengung oft dazu und dass die Muskeln <u>schlapp machen</u>, ebenso. So ähnlich ist es auch, wenn wir z. B. nicht unbedingt <u>Sport treiben</u>, sondern einfach nur unseren Tag leben und z. B. <u>spazieren gehen</u> oder andere Dinge tun – wir bekommen viele Eindrücke und müssen uns mit vielem <u>auseinandersetzen</u>: [...] Daraus lässt sich <u>schlussfolgern</u>, dass er irgendwann müde wird und sich ausruhen muss. [...] Wachstumshormone bauen Muskelkraft auf, Reparaturstoffe <u>durchdringen</u> die Haut, das Immunsystem tankt neue Kraft, und das Gehirn verarbeitet die Reize des Tages. [...] Denn Müdigkeit führt dazu, dass der Mensch sich weniger merken kann, eine geringere Kontrolle über seine Aufmerksamkeit hat und sich <u>schwertut</u> mit dem Merken von Wörtern und das Gelernte schwerer wieder <u>abrufen</u> kann.

2

Wir können selbst **Einfluss nehmen** auf unsere Gesundheit. Dazu gehört nicht nur ausreichender Schlaf, damit wir wieder **auftanken** können. Wenn wir z. B. Impfungen **ernst nehmen**, können wir uns gegen viele Infektionskrankheiten schützen. Wir müssen uns **auseinandersetzen** mit unserem Lebensstil. Jeder kann **schlussfolgern**, dass z. B. ungesunde Ernährung und zu wenig Bewegung auf Dauer häufig Fettleibigkeit und Folgekrankheiten verursachen und dass man Schlafmangel auf Dauer nicht lange aushalten kann.

SEITE 84

1 *So könnte deine Lösung lauten:*
Kunst beschränkt sich längst nicht mehr auf Museen und Galerien, sondern sie erobert auch den öffentlichen Raum./Street-Art kommt in den verschiedensten Formen vor, z. B. an der Häuserwand oder als wildes Plakatieren./Street-Art passiert oft im Schatten der Illegalität, was für manche den entscheidenden Kick ausmacht./Die junge Street-Art-Künstlerin Aisha Ronniger hingegen verteilt Kunst legal im öffentlichen Raum und sammelt dafür Werke von Künstlern aus aller Welt./Sie stellt sie zunächst zum Anfassen in einer Galerie aus, dann schwingt sie sich zusammen mit Freiwilligen aufs Fahrrad./Die Kolonne der „Papergirls" rast durch Berlin und wirft Passanten Papierrollen, in denen sich z. B. Collagen, Fotografien, Skizzen und Drucke finden, vor die Füße. Es zählt der Überraschungseffekt: Bevor der Beschenkte reagieren kann, sind die „Papergirls" meist schon hinter der nächsten Straßenecke verschwunden.

2 und **3**

Wohnen und arbeiten, diese Formel gilt immer seltener für Innenstädte. (4)

Wohnraum verschwindet, in den Innenstädten dominieren Büros und Geschäfte. (1)

Wo tagsüber Betriebsamkeit herrscht, herrscht abends gähnende Leere. Was dann? (2)

Mach Kunst draus! „A Wall is a Screen", eine Gruppe von Menschen, wandelt in der Innenstadt umher, stoppt an kahlen hellen Wänden und schaut verschiedene Kurzfilme. (4), (3)

Die Umgebung verleiht den Filmen eine ganz neue Wirkung, wenn eine echte Polizeisirene aufheult oder es plötzlich zu regnen beginnt. (2)

Jugendzentren laden zum legalen Besprühen ihrer Wände ein, um sie zu verschönern. (5)

Großstädte stellen freie Flächen zur Verfügung, Museen lassen ihre Fassaden besprühen. (1)

Letztlich ist es so: Solange der Eigentümer damit einverstanden ist, kann jede Wand bemalt werden. (2)

SEITE 85

2 *So könnte deine Lösung lauten:*
Zu Beginn der Geschichte sieht sich Munnicher als „zertretene, weggeworfene Menschenpflanze" (Z. 6). Munnicher hat einen „zurückweichenden Haaransatz" und trägt einen „nachlässig gebundenen Schlips" (Z. 12). „Er hat ausgebleichte Haut" (Z. 13). Über Munnichers Vorgeschichte erfährt man, dass er „aus dem Gefängnis" kommt (Z. 12).

3

Munnicher glaubt, in der Gesellschaft sei kein Platz für ihn. Durch die Einnahme des Giftes würde es heller werden, denn *„die Sonne"* würde kommen (Z. 14). Munnicher fällt das Mädchen auf. Er erkennt, *„dass es braune Augen hat"* (Z. 31). *„Seh sicher aus wie ein Pinguin, dachte er"* (Z. 33 f.).

SEITE 86

1 a) und **b)**

Schon seit Hunderten von Jahren <u>gälten</u> (gelten) Schornsteinfeger als Glücksbringer. Auch auf Dächer klettern sie noch und <u>seubern</u> (säubern) die Kamine. Sie wirken ein <u>wenik</u> (wenig) aus der Zeit gefallen, in der schwarzen Kleidung, den Besen über der Schulter. Man könnte meinen, der <u>Jop</u> (Job) hätte sich in den vergangenen Jahrzehnten nicht ein <u>bißchen</u> (bisschen) geändert, dabei säubern Schornsteinfeger <u>lengst</u> (längst) nicht mehr nur Kamine, (Z) sondern sind Experten in Sachen Umweltschutz und <u>Energieeinsparunk</u> (Energieeinsparung). „Natürlich gehört es weiterhin zum Job, auf Dächer zu klettern, aber das ist noch lange nicht alles!", stellt Kai Herlt klar. Für ihn ist das Schornsteinfegerwesen seine <u>„berufung"</u> (Berufung).

2

„Wir sind die Robin Hoods der Umwelt", (Z, Z) beschreibt Herlt seine Arbeit. Er ist darüber hinaus auch als eine Art Energieberater unterwegs, (Z) wenn er Tipps zum energiesparenden <u>heizen</u> (Heizen) gibt.

3
Satz 1: (3)
Satz 2: (2)
Satz 3: (3)
Satz 4: (2)
Satz 5: (4)
Satz 6: (4)
Satz 7: (5)

4 a) und **b)**
1. „Wir sparen Energie, und zwar heizen wir bei uns zu Hause sehr wenig." (5)
2. „Ich nutze öffentliche Verkehrsmittel, trenne Müll und achte auf eine nachhaltige Ernährung." (1)
3. „Unser Haus hat eine ökologische Heizung, die unter anderem durch Erdwärme gespeist wird." (2)
4. „Ich selber mache für den Umweltschutz eher nicht so viel, aber in der Schule haben wir einen Informationstag zum Thema ‚Wasser sparen' ausgerichtet". (4)
5. „Ich nehme an Anti-Atomkraft-Demos teil, um meine Unterstützung zu zeigen." (3)

3
Als er am nächsten Morgen die Apotheke betrat, *„war Munnicher [...] noch immer nicht rasiert"* (Z. 64).

Material für einen informativen Text auswerten

Folgende Schritte helfen dir, Material für einen informativen Text auszuwerten:
- Lies die Materialien in einem **ersten Lesedurchgang** aufmerksam durch und formuliere deinen **Leseeindruck**. **Kläre** unbekannte oder schwierige **Wörter**.
- Fasse **wichtige Informationen** der Materialien **stichpunktartig** zusammen.
- Setze in Bezug auf das Thema Schwerpunkte: *Was könnte die Leser/innen in Bezug auf das Thema interessieren? Worüber möchtest du informieren?* Formuliere passende **W-Fragen** und notiere Stichworte.
- Lies die Materialien in einem **zweiten Lesedurchgang** durch. **Markiere Informationen**, die die W-Fragen beantworten und die du zusätzlich in dem informativen Text verwenden kannst.

1 An deiner Schule soll eine Projektwoche zum Thema „Wie gesund sind unsere Lebensmittel?" stattfinden. Für eine Informationsmappe sollst du einen Beitrag über „Functional Food"/gesundheitsfördernde Lebensmittel schreiben, der an jüngere Schüler/innen gerichtet ist.
Dazu sollen zunächst Informationen gesammelt werden.

a) Lies M1–M3 unter der oben genannten Fragestellung durch. Notiere zu M1 und M2 eine passende Überschrift.

TIPP

Nenne in der Überschrift das Hauptthema des Textes.

 M1 _____

Die Industrie überschwemmt den Markt mit Lebensmitteln, die vor Schlaganfall, Schnupfen und Schrumpelhaut schützen sollen – doch nur wenige der schönen Versprechen lassen sich wissenschaftlich untermauern. Wie sieht gesunde Ernährung wirklich aus? [...]
5 Über dem Arbeitsplatz von Laurent Schmitt hängt ein säuerlicher Geruch. Die Wände sind weiß gekachelt, an der Decke ziehen sich dicke Rohre aus Edelstahl entlang, Maschinen summen. Draußen vor der Tür hat Schmitt weiße Plastikhandschuhe übergestreift; sein Haar ist unter einer Art Duschhaube verschwunden. Der Verfahrenstechniker herrscht über eine Hightech-Molkerei – allerdings ist sie um
10 ein Vielfaches kleiner als eine normale Anlage. Die Mini-Fabrik liegt im Erdgeschoss des [...] Forschungszentrums eines französischen Lebensmittelherstellers in der Nähe von Paris. Hier lässt der Nahrungsmittelkonzern die Joghurts der Zukunft anrühren. Das Ziel sind Desserts, die nicht nur extra cremig sind [...] oder stichfest [...]. Was die stählernen Fermentationstanks in Schmitts Reich
15 verlässt, soll dem Konsumenten auch noch Gesundheit und Wohlbefinden verheißen oder vor Vergesslichkeit schützen.
All das soll ein Joghurt können? Essen als Medizin? Der französische Milch-Multi glaubt fest daran: Weltweit rund 500 Wissenschaftler wollen es beweisen. [...]
Wenn Schmitts Kollegen mit einer neuen Idee anklopfen, mixt ihnen der Molkerei-
20 Chef nicht nur das gewünschte Milchprodukt zusammen: Aus den Füllmaschinen schwappen zugleich auch Joghurts, die genauso schmecken wie die jüngste Innovation, denen aber jene Bakterien fehlen, die für die wundersame Wirksamkeit verantwortlich sein sollen [...]. Ähnlich wie in den Medikamentenstudien der Pharmaindustrie löffeln dann Versuchspersonen ihre Milchspeise
25 entweder mit oder ohne Wirkstoff. Dann sammeln die Forscher Blutproben, verteilen Fragebögen oder schnallen den Probanden Sensorgürtel um den Leib – Letzteres, um wissenschaftlich nachzuweisen, dass ein Bakterienstamm mit dem Fantasienamen „ActiRegularis" lästiges Bauchgrimmen reduziert. [...]
Ohne solche Anstrengungen [...] wird kaum noch ein Lebensmittelhersteller
30 auskommen, wenn er mit der angeblich gesundheitsfördernden Wirkung seiner

Produkte werben möchte: Nach der europäischen „Health Claims"-Verordnung muss künftig jede Gesundheitsverheißung wissenschaftlich belegt sein. Das Regelwerk 1924/2006 erschüttert die Branche in ihren Grundfesten: Sehr viele muntere Parolen müssen wohl bald von den Verpackungen und aus den Werbean-
35 zeigen weichen. 2006 hat die EU ihre European Food Safety Authority (EFSA) – die Behörde für Lebensmittelsicherheit im italienischen Parma – mit der Überprüfung aller Gesundheitsversprechen bei Joghurts, Säften und Schokoriegeln beauftragt. Wer seine Produkte mit einem sogenannten Health Claim aufhübschen möchte, muss das bei der EFSA beantragen. Eine internationale Expertengruppe checkt
40 dann die allgemeine Datenlage und die von den Konzernen eingereichten Studien und entscheidet, welche Heilsversprechen tatsächlich als wissenschaftlich belegt gelten können. [...]
Bisher ist die Bilanz verheerend für die Hersteller. Bei rund 80 Prozent der Werbebotschaften suchte die EFSA vergebens nach überzeugenden Belegen. Selbst die
45 heilsame Wirkung mancher Vitamine und Mineralien lässt sich oft nicht zweifelsfrei nachweisen; die meisten Probiotika fielen bislang durchs Raster [...]. Wissenschaftler wie der Mediziner Hans Hauner sind nicht überrascht über die zahlreichen Ablehnungen aus Parma. An der Technischen Universität München leitet der Diabetes-Fachmann ein „Human Study Center", wo an Freiwilligen
50 Milchgetränke, Margarinen und andere Lebensmittel getestet werden – oft auch im Auftrag der Industrie. „Nach den Regeln der evidenzbasierten Medizin", so Hauners Fazit, „dürfte es nur selten gelingen, einen Effekt funktioneller Lebensmittel nachzuweisen."
Tatsächlich sind Gesundheitseffekte einzelner Komponenten von Lebensmitteln,
55 selbst wenn es sie gibt, außerordentlich schwer zu belegen. Die Pharmabranche muss beweisen, dass ihre Pillen Schmerzen lindern, Entzündungen bekämpfen oder Bakterien killen: Zielobjekt ihrer Studien ist der Kranke, der auf Heilung hofft. Die Lebensmittelkonzerne aber sollen den Nachweis führen, dass ihre Produkte Gesunde gesünder machen oder Malaisen verhindern, die mitunter erst nach
60 Jahrzehnten auftreten würden.
Längst erinnern manche Supermarktregale an eine Apotheke. Da gibt es Margarine, die den Cholesterinspiegel senkt, ACE-Drinks mit zugesetztem Vitamin-Cocktail, Backmischungen mit Omega-3-Fettsäuren, die Gesundheit für Herz und Hirn versprechen, Frischkäsespezialitäten wiederum sollen Kinder-
65 knochen stärken, Frühstücksflocken beim Abnehmen helfen. „Functional Food", Speisen mit Zusatznutzen, sind die große Hoffnung der Lebensmittelbranche. [...]

M2

Sie sollen vor Erkältung schützen, die Abwehrkräfte stärken oder Cholesterin senken: Ob Joghurt, Sauerkraut oder Limonade – viele Lebensmittel werden als Functional Food angepriesen. Im Interview mit „Technology Review" entlarvt der Verbraucherschützer Thilo Bode die Versprechungen.

5 **Frage:** Herr Bode, Sie sagen in Ihrem neuen Buch „Die Essensfälscher ...", es gäbe außer zwei Beispielen keine echten Innovationen in der Lebensmittelbranche.

Bode: Tiefkühlkost war eine wichtige Innovation, und es gibt bei den Herstellungsprozessen natürlich innovative Entwicklungen aus Sicht der Hersteller. Aber bei der Qualität der Nahrungsmittel gibt es keine.

10 **Frage:** Auch Functional Food fällt für Sie nicht in diese Kategorie?

Bode: Functional Food ist eine Täuschung und keine Innovation. Wenn ein solches Produkt tatsächlich eine Wirkung hat, wie cholesterinsenkende Margarine, handelt es sich um eine Art Medikament und nicht um ein Lebensmittel. Gesunde Menschen brauchen das nicht – wer aber krank ist, soll zum Arzt oder zum
15 Apotheker gehen. Und wer Hunger hat, geht in den Supermarkt. In der Regel ist

Functional Food ein reiner Marketing-Trick. Beim probiotischen Joghurt […] eines bekannten Lebensmittelherstellers suggeriert die Werbung, dass dieses Produkt vor Erkältung schützt. Das tut es aber nicht, und die beworbene Aktivierung der Abwehrkräfte haben Sie auch bei Sauerkraut und Naturjoghurts.

20 **Frage**: Glauben die Leute die Gesundheitsversprechen überhaupt noch?

Bode: Ja, sehr! Die Qualität von Lebensmitteln ist für die Verbraucher doch gar nicht überprüfbar. […]

Frage: Nach Aussagen von Lebensmitteltechnik-Forschern steigt die Zahl der Industrieanfragen, wie man die Rezepturen so ändern kann, dass der Fettanteil
25 oder der Zuckergehalt sinken, der Geschmack jedoch gleich bleibt – weil die Esswaren sonst nicht gekauft würden.

Bode: Das Essen kann man nicht neu erfinden. Wir merken eher, dass die Nahrungsmittel zunehmend mit Zusatzstoffen versetzt und aromatisiert werden. Durch die Aromen kann man Rohstoffkosten sparen. Zusatzstoffe garantieren
30 eine bessere Lagerbarkeit, Haltbarkeit und Farbe. […]

Frage: Aber viele Leute sind bequem, es ist ihnen egal, was im Essen ist, und sie wollen Geld sparen.

Bode: Nein, das ist falsch. Die Leute sind nur machtlos, weil ihnen wichtige Informationen vorenthalten werden. Viele sind bereit, für echte Qualität auch Geld
35 auszugeben. Das Problem ist nur, dass sie Qualität nicht überprüfen können. Der Preis liefert keinen Hinweis: Billig ist nicht automatisch schlecht im Lebens- mittelmarkt und teuer nicht automatisch gut.

b) Unterstreiche Wörter, die du nicht verstehst. Kläre ihre Bedeutung mit Hilfe eines Wörterbuches. Schreibe eine Erklärung in die Randspalte.

c) Notiere zu allen Textabschnitten von M1 und M2 Stichworte in der Randspalte.

2 Fasse die Hauptaussage des Diagramms auf Seite 7 in vier bis fünf Sätzen zusammen.

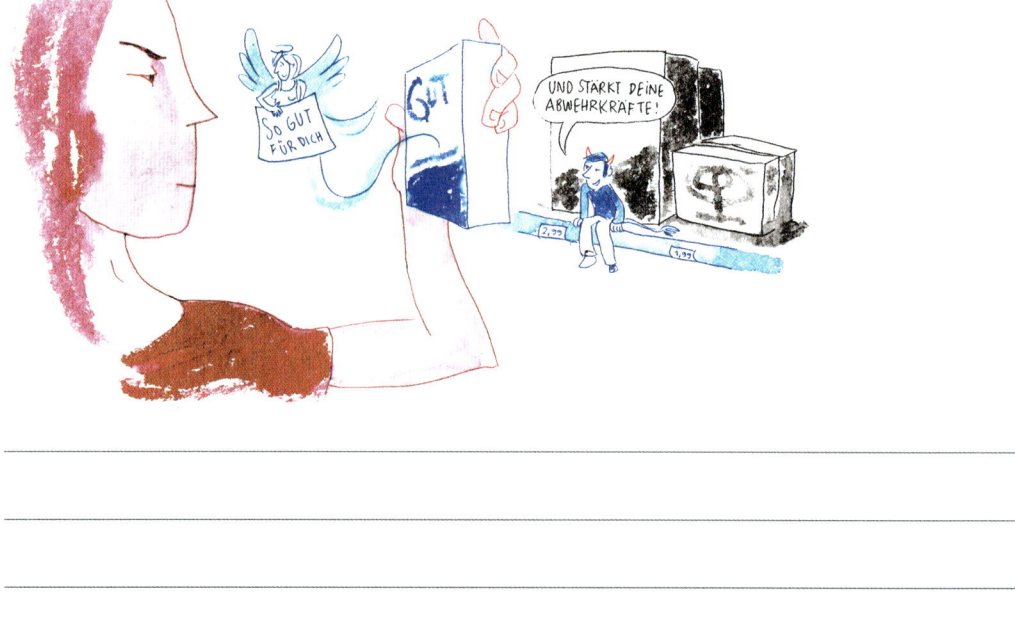

_____

_____

_____

_____

_____

Interesse an Functional Food bei Lebensmitteln und Getränken nach Altersgruppen

3 Mit Hilfe der Informationen aus M1–M3 sollst du einen Beitrag für eine Informations-mappe zum Thema „Functional Food"/gesundheitsfördernde Lebensmittel schreiben. Der Text sollte auch gut von jüngeren Schüler/innen verstanden werden können.

a) Ergänze in der Mindmap die fehlenden Angaben zu Adressaten, Thema und Schreibziel.

b) Notiere die W-Fragen, die du in deinem informativen Text beantworten willst.

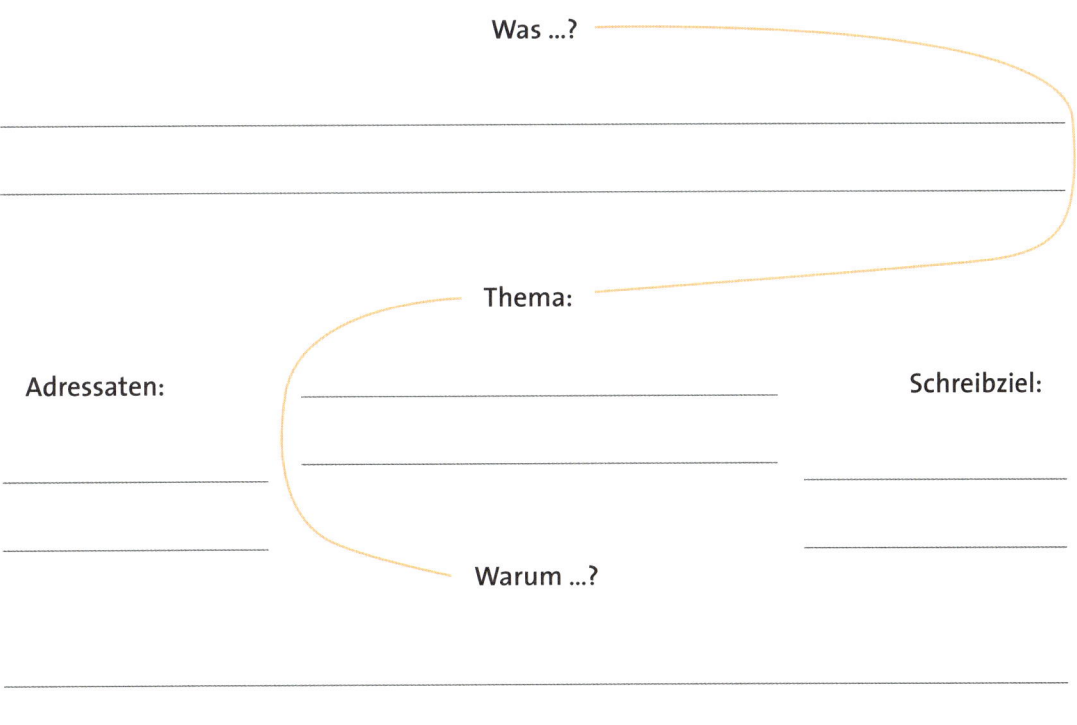

c) Prüfe deine Ergebnisse aus Aufgabe 1c) und Aufgabe 2 auf S. 6. Markiere die Stichworte, die Antworten auf die W-Fragen geben.

Einen informativen Text schreiben

Einen informativen Text schreiben

- Führe in der **Einleitung** zum Thema hin und rege zum Weiterlesen an.
- Gib im **Hauptteil** Antworten auf die wichtigsten **W-Fragen**. Informiere kurz über das **Thema** und erkläre **Zusammenhänge**. Gehe auf **Probleme/Kritik** ein sowie auf **Schlussfolgerungen**.
- Fasse im **Schlussteil** das **Wichtigste** noch einmal knapp zusammen. Formuliere eine Empfehlung, eine Forderung oder einen Ausblick.
- **Bündle** zusammengehörige Informationen, lasse nebensächliche Informationen weg.
- Verwende Informationen aus mehreren Materialien. **Belege** Informationen durch Zitate und Quellenangaben.

1 Mit Hilfe deiner Auswertungen auf den vorigen Seiten kannst du einen informativen Text zum Thema „Functional Food"/gesundheitsfördernde Lebensmittel schreiben.

a) Plane den Aufbau des Hauptteils: Bringe die W-Fragen in Aufgabe 3, S. 7 in eine sinnvolle Reihenfolge. Die Gliederung in der Randspalte hilft dir dabei.

b) Notiere die Stichworte, die du auf S. 4–6 markiert hast, neben der entsprechenden W-Frage in der Tabelle.

c) Prüfe deine Stichworte: Streiche Informationen durch, die sich wiederholen oder die du nicht in deinem informativen Text verwenden willst.

HILFE

Du kannst Stichworte als direkte Zitate notieren oder umschreiben.

HILFE

Gliederung des Hauptteils:

1. Information über das Thema

2. Wichtige Zusammenhänge und Fragestellungen

W-Fragen	Stichworte	Material und Zeilenangaben
Was ist Functional Food? ...	– „Speisen mit Zusatznutzen" – ~~Lebensmittel mit bestimmten Vitaminen oder Mineralien~~ – verschiedene Lebensmittel, die z.B. Cholesterinspiegel senken oder beim Abnehmen helfen – ~~Produkte, die „Gesunde gesünder machen"~~ – ...	– M1, Z. 66 – vgl. M1, Z. 45 – vgl. M1, Z. 61–65 – M1, Z. 59
Warum kaufen ...?		

3. Probleme und Kritik

4. Schluss-folgerungen

3 In dem Hauptteil deines informativen Textes musst du immer wieder auch Bezüge zu den Materialien herstellen.

a) Im Folgenden wurde auf den Textauszug aus M2, S. 5 eingegangen.
Ergänze die fehlenden Angaben zum Material und zu den Zeilenangaben.

Für den Verbraucherschützer Thilo Bode ist Functional Food eine „Täuschung"

(_____) und nur ein „Marketing Trick" (_____).

Seiner Meinung nach benötigen gesunde Menschen solche Lebensmittel nicht

(_____).

b) Schreibe den Hauptteil deines informativen Textes in dein Heft.
Stelle Bezüge zu M1–3 wie in Aufgabe 3 a) her.

4 Einleitung und Schluss bilden den „Rahmen" für den Hauptteil des informativen Textes.

a) Um welche Art von Einleitung handelt es sich bei den Beispielen? Ordne zu.

(1) Bezug zum Alltag der Leser/innen   (2) Zuspitzung/Frage

(3) Daten/Fakten zum Thema   (4) Ansprechen der Leser/innen

☐ In jedem Supermarkt sind heutzutage Speisen mit Zusatznutzen im Angebot, so genanntes „Functional Food".

☐ Wer regelmäßig einkaufen geht, hat sich sicher schon über das große Angebot an „Functional Food" gewundert. Aber …

☐ Habt ihr auch schon einmal im Supermarkt gestanden und ein Produkt in der Hand gehalten, das euch gesünder machen soll?

☐ Einkaufen und gleichzeitig etwas für die Gesundheit tun? Mit „Functional Food" …

b) Wähle ein Beispiel aus und setze die Einleitung im Heft fort.

c) Empfehlung (E), Forderung (F) oder Ausblick (A)? Notiere bei jedem der folgenden Schlusssätze den passenden Buchstaben.

☐ Vermutlich wird Functional Food auch in der Zukunft eine große Rolle spielen. Es bleibt abzuwarten, ob …

☐ Jede Verbraucherin/Jeder Verbraucher kann darauf achten, ob die Gesundheitsförderung, die ein Produkt verspricht, tatsächlich wissenschaftlich belegt ist. Dadurch …

☐ Lebensmittel sollten insgesamt stärker kontrolliert werden. Eine Möglichkeit wäre …

d) Übertrage ein Beispiel in dein Heft und ergänze es.

5 Notiere eine passende Überschrift für deinen Text. Diese sollte z. B.:
– zum Lesen einladen,
– einen wichtigen Aspekt des Themas beinhalten,
– ein Zitat aus einem der Texte sein,
– eine Frage sein, die sich an die Leser/innen richtet.

Einen informativen Text überarbeiten

Einen informativen Text treffend formulieren

- **Verknüpfe** Sätze mit Hilfe von Konjunktionen.
- Formuliere **abwechslungsreich** und vermeide gleiche Satzanfänge, indem du Pronomen verwendest oder die Satzglieder umstellst.
- Vermeide zu lange und komplizierte Sätze und vermeide umgangssprachliche Formulierungen: Schreibe **sachlich** und **verständlich**.
- Beachte, an wen der Text gerichtet ist: Schreibe **adressatengerecht**.

1 Bei dem folgenden Auszug aus einem informativen Text zum Thema „Functional Food" für jüngere Leser/innen besteht Überarbeitungsbedarf. Beachte die Tipps in der Randspalte.

Seit 2006 wird geprüft, ob gesundheits-fördernde Lebensmittel tatsächlich ihre Versprechen halten. Lebensmittelhersteller können sich an eine europäische Behörde wenden. ==Lebensmittelhersteller== können dort ein „Health Claim" bekommen (vgl. M1, Z. 38). Die Behörde entscheidet, ob die Lebensmittel tatsächlich gut für die Gesundheit sind (vgl. M1, Z. 39–42) Es ist allerdings schwierig, eine gesundheitsfördernde Wirkung auch nachzuweisen. Es muss schließlich bewiesen werden, dass Gesunde noch gesünder werden können (vgl. M1, Z. 54–60). Die Untersuchungen haben bisher ergeben, dass die meisten Werbebotschaften der totale Betrug sind! (vgl. M1, Z. 43–46). Diese Meinung hat auch der Verbraucherschützer Bode, der sich über „Functional Food" aufregt (vgl. M2, Z. 11 ff.). Trotzdem könnten laut Bode viele Supermärkte mit Apotheken verglichen werden. Man würde Lebensmittel wie Medikamente anbieten (vgl. M1, Z. 61). Das ist eigentlich ziemlich schwachsinnig!

Achtung Fehler!

Wiederholung! Besser: Sie können ...

TIPP

> An einer Stelle wiederholt sich ein Satzanfang.
> Zwei Formulierungen sind zu umgangssprachlich formuliert.
> An einer Stelle wird nicht sachlich genug formuliert.
> An zwei Stellen können Sätze sinnvoll miteinander zu einer Satzreihe oder zu einem Satzgefüge verknüpft werden.

a) Stelle den Überarbeitungsbedarf fest:

- Markiere die Textstellen, die überarbeitet werden müssen.
- Streiche Wörter, die unpassend sind.
- Notiere passende Stichworte in der Randspalte.

b) Überarbeite auf diese Weise deinen informativen Text zum Thema „Functional Food".

Fit für die Prüfung!

Einen informativen Text schreiben

M1 Der faire Handel boomt

Immer mehr Deutsche interessieren sich für die Herkunft ihrer Einkäufe. Sie greifen verstärkt zu Produkten aus fairem Handel […].
Kaum eine Branche wächst so rasant wie das Geschäft mit den Produkten für eine bessere Welt. 340 Millionen Euro gaben die Deutschen im Jahr 2010 für Fair-Trade-
5 zertifizierte Produkte* aus, im laufenden Jahr erwartet der gemeinnützige Verein TransFair nach durchweg positiven Quartalszahlen noch einmal ein Plus von etwa 20 Prozent. Es sind Zahlen wie diese, die Kai Falk, Geschäftsführer beim Handels-verband Deutschland HDE, zu der Einschätzung bringen, dass „immer mehr Verbraucher Wert auf einen sozialen und ökologisch verantwortlichen Konsum
10 legen". […]
Dabei geht es schon lange nicht mehr nur um Kaffee, Tee und Bananen. Mittler-weile werden fair gehandelte Kerzen verkauft und Pullover, Teppiche und Fußbälle, Bonbons und Wein, Blumen, Schmuck und vieles mehr. Insgesamt bieten 33 000 Geschäfte und 800 Weltläden deutschlandweit zirka 10 000 Produkte aus
15 fairem Handel an. Das klingt zunächst beeindruckend, dennoch „handelt es sich immer noch um einen Nischenmarkt*", sagt Falk. Er glaubt, dass dies noch eine Zeit lang so bleiben werde. Der Marktanteil fair gehandelter Produkte liegt hierzulande in der Tat nicht einmal bei zwei Prozent. Verglichen mit der Schweiz, wo etwa jede zweite verkaufte Banane aus fairem Handel stammt, oder
20 Großbritannien, wo einzelne Fair-Trade-Produktsparten Marktanteile von bis zu 30 Prozent erreichen, ist das wenig.
Doch das Handelsvolumen allein entscheidet nicht über die Bedeutung von Fair Trade. Findet jedenfalls Dieter Overath. In Sachen Präsenz* und Aufmerksamkeit zum Beispiel sieht der Geschäftsführer von Fair Trade Deutschland seinen Bereich
25 schon seit einer ganzen Weile „in der Mitte der Gesellschaft angekommen" […].
Es hat viel mit der Verbreitung in den Supermärkten dieses Landes zu tun, dass das Geschäft mit der Gerechtigkeit in Deutschland besser funktioniert und dass es, glaubt man den Experten, ein enormes Wachstumspotenzial besitzt: Je mehr fair gehandelte Artikel sich in den Regalen tummeln, desto mehr werden verkauft. […]
30 Das Konzept von Fair Trade bringt es mit sich, dass der Kunde im Vergleich zu konventionell produzierten Waren* meist mehr zahlen muss. Dafür bekommt er gute Qualität und ein gutes Gewissen obendrauf. Fair-Trade-Siegel auf Produkten versprechen, dass ökologische, ökonomische und soziale Standards* bei der Herstellung eingehalten werden. Dass den Herstellern Mindestpreise dafür gezahlt
35 werden und dass keine Kinderarbeit dahintersteckt. Neben den existenzsi-chernden Preisen gibt es Zuschüsse für soziale Projekte oder den Aufbau der Infra-struktur*. […] Rund 1,2 Millionen Kleinbauern und Arbeiter in rund 60 Ländern können ihre Lebens- und Arbeitsbedingungen so nachhaltig verbessern. […]
Um eine faire Teilnahme am Geschäft und eine gerechte Verteilung des Gewinns
40 geht es bei Fair Trade – aber auch um Verantwortung. Früher, da hätten sich die Unternehmen davor gedrückt, heute sei dies dank der aufgeklärten Bürger kaum mehr möglich, findet der Geschäftsführer von Fair Trade Deutschland. Vielmehr gehört ein fairer Handel inzwischen zum guten Ruf eines Einzelhändlers, Fair Trade ist wichtig fürs Image* und angesichts des so drastisch* wachsenden
45 Interesses ebenfalls ein bedeutendes Wettbewerbskriterium. Mit Ausstrahlungs-effekt. „Der Druck auf die Akteure* wächst", sagt auch Dieter Overath. „In drei bis fünf Jahren kann sich kein großer Handelskonzern mehr erlauben, die Hütte nicht sauber zu haben."

Fair-Trade-zertifi-zierte Produkte:
Produkte, die fair gehandelt wurden

der Nischenmarkt:
Bereich, der keine große wirtschaftliche Bedeutung hat

die Präsenz (hier):
das Vorhandensein, das Angebot

konventionell produzierte Waren:
Waren, die nicht fair gehandelt sind

ökologische, ökonomische und soziale Standards:
Herstellungsweisen, die die Umwelt schützen, gute Arbeitsbedingungen fördern und z. B. auf Kinderarbeit verzichten

die Infrastruktur:
Einrichtungen, die für das Funktionieren einer Wirtschaft sorgen

das Image:
Ansehen, das man z. B. bei den Kunden hat

drastisch:
stark

die Akteure (hier):
die Handelskonzerne (= Zusammenschluss von Unternehmen)

M2 „Das gute Gewissen kauft mit"

Die Psychologin und Handelsforscherin Bettina Willmann erzählt, wie man mit Shoppen die Welt verbessern will.

Frau Willmann, statt zu sparen, geben die Deutschen auch in der Krise immer mehr Geld für fair gehandelte Produkte aus. Sind wir verantwortungsbewusster geworden?
Tatsächlich ist ein zunehmendes Bedürfnis nach Nachhaltigkeit zu erkennen.
5 Vielen Verbrauchern ist es wichtig zu wissen, dass Produkte unter vernünftigen Bedingungen hergestellt wurden.
Warum ist das so?
Wir werden verstärkt mit Schreckensnachrichten konfrontiert – der Tsunami* und die Atomkatastrophe in Japan* zum Beispiel. Oder die teils schlimmen Arbeits-
10 bedingungen in Indien. Umweltthemen rücken in den Fokus, und uns wird die soziale Dimension, die das mit sich bringt, bewusst. Direkt etwas dagegen tun können Kunden nicht, aber sie können beim Einkauf auf Fairness achten.
Die Moral kauft also mit ein?
Ja, bei Fair-Trade-Produkten kauft man ein gutes Gewissen ein. Wenn die
15 Menschen zu zertifizierten Waren greifen, spielt der Gedanke eine Rolle, die Welt ein bisschen zu verbessern. Das entspricht dem gesteigerten Wertesinn.
Es ist noch gar nicht lange her, dass Kunden mit dem Geiz-Gedanken in die Geschäfte gelockt wurden.
Der Trend geht zurück zum Ursprünglichen, zu den klassischen Unternehmer-tugenden: Zuverlässigkeit, Qualität, Ehrlichkeit. Unsere Umfragen haben ergeben,
20 dass inzwischen neun von zehn Deutschen etwas mit dem Begriff „Nachhal-tigkeit" anfangen können. Und über die Hälfte beim Einkauf versucht, auf nachhaltige Produkte zu achten.
Dennoch kommen fair gehandelte Produkte in Deutschland insgesamt nur auf einen Marktanteil von knapp zwei Prozent.
25 Nicht alle, die Fair Trade befürworten, kaufen die angebotenen Produkte auch. Es geht darum, dass Verbraucher die Wahl haben. Dass ihnen die Möglichkeit gegeben wird, zwischen konventionellen und fair gehandelten Waren zu entscheiden.
Was bedeutet das für die Unternehmen?
30 In Zukunft werden wahrscheinlich immer mehr ihre Produkte fair herstellen – für ihr Image ist das wichtig, aber auch fürs Geschäft. Denn die Menschen in Deutschland sind gegenüber Anbietern durchaus boykottbereit*.

der Tsunami:
durch ein Erdbeben ausgelöste Wasserwelle, z. B. 2004 in Thailand

Atomkatastrophe in Japan:
Im japanischen Fukushima kam es 2011 zu einem Unfall in mehreren Atom-reaktoren.

boykottbereit:
bereit, bestimmte Produkte nicht mehr zu kaufen, weil sie bestimmten Maßstäben nicht entsprechen

M3 **Umsatz von Fair-Trade-zertifizierten Produkten in Deutschland**

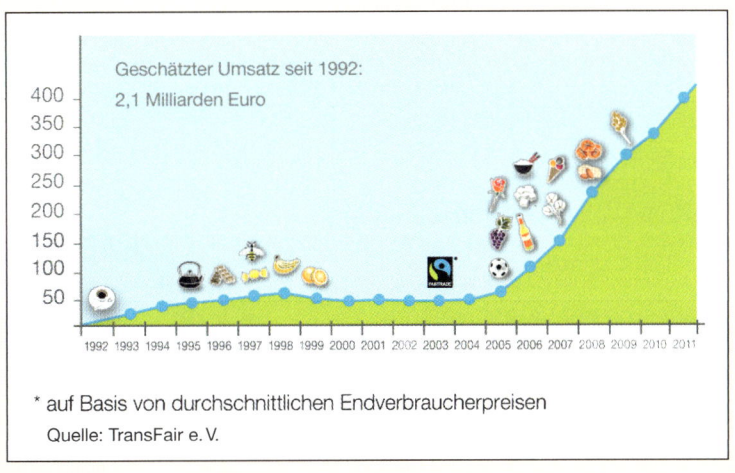

* auf Basis von durchschnittlichen Endverbraucherpreisen
Quelle: TransFair e. V.

Teil I: Lesen/Auswertung des Materials

 1 Lies Z.1–21 des Textes. Kreuze an, welche Aussagen der Textausschnitt enthält.

In Deutschland ...	Richtig	Falsch
... hat der Absatz von Fair-Trade-Produkten eine steigende Tendenz.	☐	☐
... ist der Verkauf von Fair-Trade-Produkten auf Kaffee, Tee und Bananen beschränkt.	☐	☐
... zeigt das starke Interesse an Fair-Trade-Produkten nach Meinung von Experten, dass Verbraucher mehr Verantwortung übernehmen wollen.	☐	☐
... werden deutlich weniger Fair-Trade-Produkte verkauft als in der Schweiz oder in England.	☐	☐
... werden in etwa so viele Fair-Trade-Produkte verkauft wie in England und in der Schweiz.	☐	☐

2 Lies Z.22–Z.30 des Textes. Kreuze den Satz an, der die Hauptaussage des Textabschnittes treffend wiedergibt.

☐ Wie wichtig Fair-Trade-Produkte sind, kann man laut Meinung von Experten vor allem an der Höhe des Absatzes erkennen.

☐ Laut Meinung von Experten sorgt nicht der Absatz, sondern das wachsende Interesse für Fair-Trade-Produkte dafür, dass dieser Bereich immer wichtiger wird.

☐ Die Tatsache, dass so wenig Fair-Trade-Produkte in Deutschland verkauft werden, zeigt laut Meinung von Experten, dass dieser Bereich noch immer keine große Bedeutung hat.

3 Lies Z.31–Z.41 des Textes. Notiere stichwortartig, was Fair-Trade-Produkte kennzeichnet.

1. ... _____

_____

_____

4 Lies Z.41–Z.49 des Textes. Kreuze die Zwischenüberschrift an, die am besten zu dem Textabschnitt passt.

☐ Fairer Handel kein Zukunftsmodell

☐ Unternehmen in Zukunft von fairem Handel abhängig

☐ Was Verbraucher wollen: Geld sparen

☐ Unternehmen stehlen sich aus der Verantwortung

5 a) Notiere zwei sprachliche Mittel, die im Text verwendet werden. Die Tipps in der Randspalte helfen dir dabei.

b) Ergänze jeweils ein Beispiel aus dem Text mit Zeilenangaben.

Sprachliches Mittel	Beispiel aus dem Text mit Zeilenangabe

HILFE

Sprachliche Mittel in Sachtexte können z. B. sein:
> Einsatz der wörtlichen Rede
> Verwendung von Fremd-/ Fachwörtern
> Verwendung besonders langer/ kurzer Sätze
> umgangssprachliche Formulierungen

M2 **6** Lies das Interview mit Bettina Willmann. Kreuze die richtigen Aussagen an.

Bettina Willmann ...	Richtig	Falsch
... ist der Meinung, dass Verbraucher mit dem Kauf von Fair-Trade-Produkten ausschließlich ihr Gewissen beruhigen wollen.	☐	☐
... vermutet, dass der Absatz von Fair-Trade-Produkten in Zukunft eher abnehmen wird.	☐	☐
... hat festgestellt, dass nur ein geringer Prozentsatz der deutschen Verbraucher beim Einkauf auf nachhaltige Produkte achtet.	☐	☐
... ist der Meinung, dass z. B. Umweltkatastrophen Verbraucher dazu bringen, mehr über Nachhaltigkeit nachzudenken.	☐	☐
... ist der Meinung, dass Unternehmen in Zukunft immer mehr Fair-Trade-Produkte verkaufen, weil sie ihr Image verbessern wollen und es sich außerdem wirtschaftlich lohnt.	☐	☐
... konnte ermitteln, dass der Begriff „Nachhaltigkeit" von fast allen Deutschen verstanden wird.	☐	☐

M3 **7** Drei der folgenden Aussagen treffen auf das Diagramm zu. Kreuze sie an.

☐ Das Kurvendiagramm zeigt den Umsatz von Fair-Trade-zertifizierten Produkten von 1991 bis 2011.

☐ Im Jahr 2011 wurden 2,1 Milliarden Euro umgesetzt.

☐ Kaffee und Tee gehören zu den ersten fair gehandelten Produkten.

☐ 2011 kauften die deutschen Verbraucherinnen und Verbraucher Fair-Trade-zertifizierte Produkte im Wert von 400 Millionen Euro.

☐ Blumen und Bananen spielen bei den fair gehandelten Produkten keine große Rolle.

☐ 2001 kauften die deutschen Verbraucherinnen und Verbraucher Fair-Trade-zertifizierte Produkte im Wert von 200 Millionen Euro.

☐ Kaffee und Tee werden heute kaum noch fair gehandelt.

Teil II: Einen informativen Text schreiben

Aufgabe:

Verfasse auf der Grundlage von M1–M3 einen informativen Text über Fair-Trade-Produkte für eine Schülerzeitung. Auch Leser/innen, die wenig über das Thema wissen, sollen ihn gut verstehen können. Die Überschrift des Textes soll lauten: „Wir essen fair – über die neuen Produkte im Schulkiosk". Beachte dabei folgende Vorgaben:

- Verfasse eine passende Einleitung, mit der du zum Thema hinleitest und zum Weiterlesen anregst.
- Beschreibe im Hauptteil, was Fair-Trade-Produkte sind. Gehe auf die Marktsituation in Deutschland ein. Fasse zusammen, was Verbraucher sowie Unternehmen und Einzelhändler motiviert, Fair-Trade-Produkte zu unterstützen.
- Verfasse einen Schlussteil, in dem du das Wichtigste noch einmal knapp zusammenfasst und eine Empfehlung, eine Forderung oder einen Ausblick formulierst.
- Notiere eine geeignete Überschrift.
- Verwende Informationen aus allen Materialien. Belege Informationen durch Zitate und Quellenangaben.

1 Wie kannst du bei der Bearbeitung der Aufgabe sinnvoll vorgehen?
Bringe die im Kasten angeführten Teilschritte in eine sinnvolle Reihenfolge, indem du sie nummerierst.

☐ Hauptteil mit Hilfe der Planung ausformulieren

☐ einen Schreibplan erstellen

☐ passende W-Fragen notieren

☐ zu den W-Fragen Textstellen in M1 und M2 markieren

☐ den Hauptteil planen

☐ Einleitung und Schluss formulieren

☐ passende Stichworte aus M1–M3 im Schreibplan notieren

☐ Zitate aus M1 und M2 im Schreibplan einplanen

☐ Text überarbeiten

☐ zu Schreibanlass, Adressaten und Schreibziel passende Stichworte notieren

2 An wen richtet sich der Text und welches Schreibziel hat er? Kreuze an.

Der Text ...	Richtig	Falsch
... richtet sich an Leser/innen, die bereits gut über das Thema informiert sind.	☐	☐
... soll durch viele Fachbegriffe einen seriösen, glaubhaften Eindruck vermitteln.	☐	☐
... ist ein Beitrag für die Schülerzeitung.	☐	☐
... richtet sich auch an Leser/innen, die wenig oder nichts über das Thema wissen.	☐	☐
... ist ein Beitrag für eine Informationsmappe.	☐	☐
... sollte komplizierte Fachbegriffe vermeiden und in einer einfachen, verständlichen Sprache formuliert sein.	☐	☐

3 a) Plane den Aufbau des Hauptteils:
- Übertrage die folgende Tabelle in dein Heft.
- Notiere W-Fragen in der Reihenfolge, in der du sie im Text beantworten willst.
- Ergänze passende Stichworte/Informationen sowie Angaben zum Material und zu den Zeilenangaben.

W-Fragen	Stichworte	Material und Zeilenangaben

b) Schreibe mit Hilfe deiner Planung einen informativen Text in dein Heft.

4 Schreibe eine passende Einleitung zu deinem Text. Nutze die Worthilfen in der Randspalte.

5 Wähle eines der folgenden Beispiele aus und setzte den Schluss in deinem Heft fort.
- Immer mehr Verbraucher/innen interessieren sich für fair gehandelte Produkte. Ihnen ist z.B. wichtig, dass faire Preise an die Hersteller gezahlt werden oder dass ...
- Das steigende Interesse der Verbraucher/innen an Fair-Trade-Produkten erhöht den Druck auf die großen Handelskonzerne. Um in Zukunft wettbewerbsfähig zu bleiben, müssen sie ...
- Viele interessieren sich für Fair-Trade, im Supermarkt greifen sie aber immer noch eher zu nicht fair gehandelten Produkten. Um die Lebenssituation von Kleinbauern und Arbeitern zu verbessern, sollte man ...
- Wer wieder von einer neuen Schreckensnachricht aufgeschreckt wurde und endlich etwas ändern möchte, kann mit Fair-Trade-Produkten einen Beitrag ...
- In Großbritannien spielen Fair-Trade-Produkte eine große Rolle. Auch in Deutschland sollten die Handelskonzerne ...
- Beim Einkauf sollte mittlerweile nicht nur der Preis eine Rolle spielen. Jede Verbraucherin und jeder Verbraucher sollte sich informieren, ...

6 Überarbeite deinen Text anhand der Checkliste.

Inhalt/Aufbau

☐ Text in Einleitung, Hauptteil und Schluss gegliedert?

☐ Passende Einleitung formuliert, die zum Thema hinleitet und zum Weiterlesen einlädt?

☐ W-Fragen im Hauptteil in einer sinnvollen Reihenfolge beantwortet?

☐ An geeigneten Stellen Bezüge zu den Materialien hergestellt?

☐ Informationen durch Zitate und Quellenangaben belegt?

☐ Passenden Schluss formuliert, in dem das Wichtigste zusammengefasst wurde und ein Ausblick, eine Empfehlung oder eine Forderung formuliert wurde?

Sprache

☐ Umgangssprache vermieden, adressatengerecht und sachlich formuliert?

☐ Abwechslungsreich formuliert und Wortwiederholungen vermieden?

☐ Unterschiedliche Satzanfänge verwendet?

☐ Sätze verknüpft?

☐ Rechtschreibung und Zeichensetzung berücksichtigt?

Fair-Trade-Produkte sind heute längst keine Besonderheit mehr ...

Hast du schon einmal im Supermarkt gestanden und einen Schokoriegel mit dem Aufdruck „Fair-Trade" ...?

Einkaufen und gleichzeitig Gutes tun? Mit den ...

In Deutschland sind über 30 000 Produkte aus fairem Handel ...

Viele Verbraucher/innen achten heute nicht mehr ausschließlich auf den Preis. Sie wollen wissen ...

Kann man durch Einkaufen die Welt verbessern? Produkte aus fairem Handel ...

Eine Kurzgeschichte erschließen

Merkmale von Kurzgeschichten

Nach dem Vorbild der amerikanischen „Short Story" entstanden nach dem Zweiten Weltkrieg in Deutschland viele Kurzgeschichten.

Man erkennt sie an folgenden Merkmalen:

- offener Beginn und/oder offenes Ende,
- nur ein Handlungsstrang mit wenigen Figuren,
- alltägliche Situation, die aber eine Wende im Leben der Figur bedeutet,
- schlichte und dichte Sprache (Nähe zur Alltagssprache).

Wolfgang Borchert

Nachts schlafen die Ratten doch

Das hohle Fenster in der vereinsamten Mauer gähnte blaurot voll früher Abendsonne. Staubgewölke flimmerte zwischen den steilgereckten Schornstein- resten. Die Schuttwüste döste.

Er hatte die Augen zu. Mit einmal wurde es noch dunkler. Er merkte, dass jemand
5 gekommen war und nun vor ihm stand, dunkel, leise. Jetzt haben sie mich!, dachte er. Aber als er ein bisschen blinzelte, sah er nur zwei etwas ärmlich behoste Beine. Die standen ziemlich krumm vor ihm, dass er zwischen ihnen hindurchsehen konnte. Er riskierte ein kleines Geblinzel an den Hosenbeinen hoch und erkannte einen älteren Mann. Der hatte ein Messer und einen Korb in der Hand. Und etwas
10 Erde an den Fingerspitzen.

Du schläfst hier wohl, was?, fragte der Mann und sah von oben auf das Haargestrüpp herunter.

Jürgen blinzelte zwischen den Beinen des Mannes hindurch in die Sonne und sagte: Nein, ich schlafe nicht. Ich muss hier aufpassen.
15 Der Mann nickte: So, dafür hast du wohl den großen Stock da?

Ja, antwortete Jürgen mutig und hielt den Stock fest.

Worauf passt du denn auf?

Das kann ich nicht sagen. Er hielt die Hände fest um den Stock.

Wohl auf Geld, was? Der Mann setzte den Korb ab und wischte das Messer an
20 seinen Hosenbeinen hin und her.

Nein, auf Geld überhaupt nicht, sagte Jürgen verächtlich. Auf ganz etwas anderes.

Na, was denn?

Ich kann es nicht sagen. Was anderes eben.

Na, denn nicht. Dann sage ich dir natürlich auch nicht, was ich hier im Korb habe.
25 Der Mann stieß mit dem Fuß an den Korb und klappte das Messer zu.

Pah, kann mir denken, was in dem Korb ist, meinte Jürgen geringschätzig, Kanin- chenfutter.

Donnerwetter, ja!, sagte der Mann verwundert. Bist ja ein fixer Kerl. Wie alt bist du denn?
30 Neun.

Oha, denk mal an, neun also. Dann weißt du ja auch, wie viel drei mal neun sind, wie?

Klar, sagte Jürgen und um Zeit zu gewinnen, sagte er noch: Das ist ja ganz leicht. Und er sah durch die Beine des Mannes hindurch. Dreimal neun, nicht?, fragte er
35 noch mal. Siebenundzwanzig. Das wusste ich gleich.

Stimmt, sagte der Mann, genauso viele Kaninchen habe ich.

Jürgen machte einen runden Mund: Siebenundzwanzig?

Du kannst sie sehen. Viele sind noch ganz jung. Willst du?

Ich kann doch nicht. Ich muss doch aufpassen, sagte Jürgen unsicher.
40 Immerzu?, fragte der Mann. Nachts auch?

Nachts auch. Immerzu. Immer. Jürgen sah an den krummen Beinen hoch. Seit Sonnabend schon, flüsterte er.

Aber gehst du denn gar nicht nach Hause? Du musst doch essen.

Jürgen hob einen Stein hoch. Da lag ein halbes Brot. Und eine Blechschachtel.
45 Du rauchst?, fragte der Mann. Hast du denn eine Pfeife?

Jürgen fasste seinen Stock fest an und sagte zaghaft: Ich drehe. Pfeife mag ich nicht.

Schade, der Mann bückte sich zu seinem Korb, die Kaninchen hättest du ruhig mal ansehen können. Vor allem die Jungen. Vielleicht hättest du dir eines ausgesucht.
50 Aber du kannst hier ja nicht weg.

Nein, sagte Jürgen traurig, nein, nein.

Der Mann nahm den Korb hoch und richtete sich auf. Na ja, wenn du hier bleiben musst – schade. Und er drehte sich um.

Wenn du mich nicht verrätst, sagte Jürgen da schnell, es ist wegen den Ratten.
55 Die krummen Beine kamen einen Schritt zurück: Wegen den Ratten?

Ja, die essen doch von Toten. Von Menschen. Da leben sie doch von.

Wer sagt das?

Unser Lehrer.

Und du passt nun auf die Ratten auf?, fragte der Mann.
60 Auf die doch nicht! Und dann sagte er ganz leise: Mein Bruder, der liegt nämlich da unten. Da. Jürgen zeigte mit dem Stock auf die zusammengesackten Mauern. Unser Haus kriegte eine Bombe. Mit einmal war das Licht weg im Keller. Und er auch. Wir haben noch gerufen. Er war viel kleiner als ich. Erst vier. Er muss hier ja noch sein. Er ist doch viel kleiner als ich.

65 Der Mann sah von oben auf das Haargestrüpp. Aber dann sagte er plötzlich: Ja, hat euer Lehrer euch denn nicht gesagt, dass die Ratten nachts schlafen?

Nein, flüsterte Jürgen und sah mit einmal ganz müde aus, das hat er nicht gesagt.

Na, sagte der Mann, das ist aber ein Lehrer, wenn er das nicht mal weiß. Nachts schlafen die Ratten doch. Nachts kannst du ruhig nach Hause gehen. Nachts
70 schlafen sie immer. Wenn es dunkel wird, schon.

Jürgen machte mit seinem Stock kleine Kuhlen in den Schutt. Lauter kleine Betten sind das, dachte er, alles kleine Betten.

Da sagte der Mann (und seine krummen Beine waren ganz unruhig dabei): Weißt du was? Jetzt füttere ich schnell meine Kaninchen und wenn es dunkel wird, hole
75 ich dich ab. Vielleicht kann ich eins mitbringen. Ein kleines oder, was meinst du?

Jürgen machte kleine Kuhlen in den Schutt.

Lauter kleine Kaninchen. Weiße, graue, weißgraue.

Ich weiß nicht, sagte er leise und sah auf die krummen Beine, wenn sie wirklich nachts schlafen.

80 Der Mann stieg über die Mauerreste weg auf die Straße. Natürlich, sagte er von da, euer Lehrer soll einpacken, wenn er das nicht mal weiß.

Da stand Jürgen auf und fragte: Wenn ich eins kriegen kann? Ein weißes vielleicht? Ich will mal versuchen, rief der Mann schon im Weggehen, aber du musst hier so
85 lange warten. Ich gehe dann mit dir nach Hause, weißt du? Ich muss deinem Vater doch sagen, wie so ein Kaninchenstall gebaut wird. Denn das müsst ihr ja wissen. Ja, rief Jürgen, ich warte. Ich muss ja noch aufpassen, bis es dunkel wird. Ich warte bestimmt. Und er rief: Wir haben auch noch Bretter zu Hause. Kistenbretter, rief er. Aber das hörte der Mann schon nicht mehr. Er lief mit seinen krummen Beinen
90 auf die Sonne zu. Die war schon rot vom Abend und Jürgen konnte sehen, wie sie durch die Beine hindurchschien, so krumm waren sie. Und der Korb schwenkte aufgeregt hin und her. Kaninchenfutter war da drin. Grünes Kaninchenfutter, das war etwas grau vom Schutt.

1 Halte deinen ersten Eindruck fest und notiere Gedanken und Fragen zum Text.

_____

_____

_____

2 a) Kreuze die für den Text richtige Worterklärung an.

... bist ja ein <u>fixer</u> Kerl

☐ ein schneller Junge   ☐ ein kluger Junge   ☐ ein schwächlicher Junge

... machte mit seinem Stock kleine <u>Kuhlen</u>

☐ kleine Kreise   ☐ kleine Vertiefungen   ☐ kleine Häufchen

b) Umschreibe, was mit den folgenden Begriffen/Formulierungen gemeint ist:

Schutt: _____

Die zusammengesackten Mauern: _____

3 Fasse die Handlung der Geschichte kurz in eigenen Worten zusammen.
Du kannst zunächst auf der Randleiste Wichtiges notieren.

_____

_____

_____

Erzählsituation und Figuren untersuchen

1 Der Text spielt vermutlich in der Kriegszeit oder Nachkriegszeit in Deutschland.
Suche Hinweise im Text und notiere in Stichworten.

_____

_____

_____

_____

_____

2 a) Der Ort des Geschehens wird im ersten Abschnitt beschrieben. Kreuze an,
welche Atmosphäre/Stimmung mit dieser Beschreibung erzeugt wird:

☐ menschenleer und trostlos   ☐ eintönig und langweilig

☐ verschlafen und verträumt   ☐ bedrohlich und erschreckend

b) Markiere im Text die Stilmittel, mit denen diese Stimmung erzeugt wird.

c) Begründe und belege deine Aussage aus Aufgabe a) in einem kurzen Text.

Die Personifikationen/Metaphern   *betonen/erzeugen/verstärken*

die   *Stimmung*

_____

_____

Personifikation:
persönliche
Darstellung von
Gegenständen,
abstrakten Begriffen
oder Tieren, z.B.:
Der Wald schweigt.

Metapher:
bildhafter Ausdruck
mit übertragener
Bedeutung, z.B.:
Bücher verschlingen

Vergleich:
Veranschaulichung
durch etwas
Vergleichbares, z.B.:
schnell wie ein Blitz

3 Im Schlusssatz nennt der Autor zwei verschiedene Farben. Sammle in einem Cluster,
was dir zu Grün und Grau einfällt. Was könnten die beiden Farben mit dem Inhalt des
Textes zu tun haben?

Grün   *Grau*

_____

_____

_____

4 a) Unterstreiche im Text wichtige Hinweise zu den beiden Hauptfiguren und erstelle Figurenkarten. Notiere hier Wichtiges und schreibe einen kurzen Text zu jeder Figur in dein Heft.

Name: *Jürgen*

Alter:

Aussehen:

Seine Beschäftigung:

Besonderheiten:

Name:

Alter:

Aussehen:

Seine Beschäftigung:

Besonderheiten:

b) Wie stehen die beiden zueinander? Wie entwickelt sich ihre Beziehung?

5 In dem Text spielen auch unterschiedliche Tiere eine wichtige Rolle.

    a) Sammle Ideen und Assoziationen, was du mit den Tieren verbindest
und wofür sie im übertragenen Sinn stehen können.

> *Kaninchen*

> *Ratten*

    b) Markiere die Bedeutungen, die den Tieren in dieser Geschichte zugeordnet
werden können.

6 Ratten sind nachtaktiv. Warum behauptet der Mann, dass sie nachts schlafen?
Belege deine Aussagen am Text.

_____

_____

_____

_____

_____

7 Welche Gefühle/Gedanken werden hier durch äußere Handlung vermittelt?
Benenne und beschreibe die entsprechende innere Handlung.

Äußere Handlung	Innere Handlung
Das kann ich nicht sagen. Er hielt die Hände fest um den Stock.	
Jürgen machte einen runden Mund.	
Jürgen machte mit seinem Stock kleine Kuhlen in den Schutt.	

Sprachliche Besonderheiten untersuchen

Texte werden aus unterschiedlichen Perspektiven erzählt.
- **Auktoriale Erzählerin/Auktorialer Erzähler**: Sie/Er weiß, was die einzelnen Figuren des Textes fühlen, denken und tun. Sie/Er kann sich auch direkt an die Leser/innen wenden, diese ansprechen.
- **Personale Erzählerin/Personaler Erzähler**: Sie/Er erzählt aus der Perspektive einer Person in der Er-/Sie-Form. Sie/Er kann dabei auch eine Figur des Textes sein, bleibt aber meist neutral als Erzähler.
- **Ich-Erzählerin/Ich-Erzähler**: Sie/Er ist zugleich Figur des Textes und erzählt aus dieser persönlichen Perspektive.

1 a) „Ich kann doch nicht. Ich muss doch aufpassen, sagte Jürgen unsicher."
Erkläre aus dem Textzusammenhang die zweimalige Verwendung von „doch".

_____

_____

_____

_____

b) Suche in Jürgens Aussagen ein weiteres Beispiel einer Wiederholung und erläutere, warum sie eingesetzt wird.

_____

_____

_____

_____

Anapher:
Wiederholung
von Wörtern
am Satzanfang

c) Markiere die Anapher* im Abschnitt Z. 68–70. Beschreibe die Verwendung und Wirkung kurz in ganzen Sätzen.

_____

_____

_____

_____

2 Vergleiche die Stimmung/Atmosphäre im ersten Abschnitt (vgl. Aufgabe 2 von Seite 21) mit dem letzten Abschnitt. Beschreibe, wie die Stimmung sich verändert hat, und belege deine Aussage am Text. Schreibe in dein Heft.

3 Benenne die Erzählperspektive des Textes und stelle Vermutungen an, warum sie verwendet wird. Schreibe in dein Heft.

Aussagen am Text belegen

1 Welche Kennzeichen der Kurzgeschichte kannst du an diesem Text nachweisen?
Belege sie am Text.

_____

_____

_____

_____

_____

_____

2 a) Lies die folgenden drei Einleitungen einer Textinterpretation und markiere
die Angaben, die in allen enthalten sind. Benenne, welche Angaben dies sind.

_____

Die Kurzgeschichte „Nachts schlafen die Ratten doch" von Wolfgang Borchert
zeigt, wie es einem alten Mann gelingt, einem kleinen Jungen neuen Lebensmut
zu vermitteln.

Mit seiner Kurzgeschichte „Nachts schlafen die Ratten doch" verdeutlicht
Wolfgang Borchert die seelischen Qualen eines Kindes in der Nachkriegszeit und
zeigt, wie hilfreich etwas Zuwendung sein kann.

Wolfgang Borcherts Texte zählen zur deutschen Trümmerliteratur. In seiner
Kurzgeschichte „Nachts schlafen die Ratten doch" wird der Schauplatz – eine
zerbombte Stadt – zum Symbol für den Wiederaufbau.

b) Wähle eine gelungene Einleitung aus und begründe deine Wahl.

_____

_____

_____

_____

_____

_____

_____

_____

_____

Einen inneren Monolog verfassen

Einen inneren Monolog verfassen

Beachte die **äußere und innere Situation der Figur** (z.B. Alter, Bildung, Erlebnisse). Verdeutliche ihre **Gefühle und Gedanken**. Schreibe in der **Ich-Form**.
Die Gedanken der Figur können ungeordnet sein, müssen aber für die Leserschaft nachvollziehbar bleiben. Verwende eher kurze Sätze. Auch Fragen und Ausrufe sind möglich. Schreibe in der **Zeitform Präsens**.

Aufgabe:

Beim Füttern der Kaninchen denkt der Mann an das Erlebnis mit dem Jungen und macht sich Gedanken zu dessen Situation. Er denkt auch über sein Verhalten und die Folgen für den Jungen nach und er malt sich die Begegnung am Abend aus.
Schreibe einen inneren Monolog.

1 Notiere Stichworte zu den genannten Punkten:

Äußere Situation des Mannes (zum Zeitpunkt des inneren Monologs):

_____

_____

Persönlicher Hintergrund des Mannes:

_____

Seine Gefühle:

_____

2 Unterstreiche in der Aufgabenstellung, welche vier Inhalte in deinem Text bearbeitet werden müssen. Schreibe dazu Stichworte in dein Heft.

3 Notiere in dem **Cluster** erste Gedanken des Mannes zu den in der Aufgabe angesprochenen Punkten.

Mann — Situation des Jungen

Begegnung am Abend

4 Schreibe nun den inneren Monolog in dein Heft. So kannst du beginnen:

Der arme Junge. Sitzt da und bewacht den toten Bruder. Wo sind eigentlich seine Eltern? Gut, sie haben einen Jungen verloren, aber umso mehr müssen sie sich doch um ihr noch lebendes Kind kümmern. Zu essen hat er auch fast nichts. Sitzt da und hält Nachtwache. Ob er noch in die Schule geht?

5 Prüfe deinen Text mit Hilfe der Checkliste:

☐ Hast du durchgängig in der Ich-Form und im Präsens geschrieben?

☐ Werden die Gefühle und Gedanken des Mannes deutlich?

☐ Schreibst du zu den in der Aufgabe benannten Punkten?

Ein Gedicht erschließen

Merkmale von Gedichten

Gedichte können in verdichteter Form Gefühle (z. B. Liebe, Trauer, Glück), Erlebnisse oder Beobachtungen und Gedanken verdeutlichen. Sie bestehen aus Versen in Strophen oder freien Versen. Häufig werden sprachliche Bilder oder andere Stilmittel verwendet, z. B. Vergleiche, Metaphern, Alliterationen oder Ellipsen.

Johann Wolfgang Goethe

Willkommen und Abschied

Es schlug mein Herz, geschwind zu Pferde!
Es war getan fast eh gedacht.
Der Abend wiegte schon die Erde,
Und an den Bergen hing die Nacht;
5 Schon stand im Nebelkleid die Eiche,
Ein aufgetürmter Riese, da,
Wo Finsternis aus dem Gesträuche
Mit hundert schwarzen Augen sah.

Der Mond von einem Wolkenhügel
10 Sah kläglich aus dem Duft hervor,
Die Winde schwangen leise Flügel,
Umsausten schauerlich mein Ohr;
Die Nacht schuf tausend Ungeheuer,
Doch frisch und fröhlich war mein Mut:
15 In meinen Adern welches Feuer!
In meinem Herzen welche Glut!

Dich sah ich, und die milde Freude
Floss von dem süßen Blick auf mich;
Ganz war mein Herz an deiner Seite
20 Und jeder Atemzug für dich.
Ein rosenfarbnes Frühlingswetter
Umgab das liebliche Gesicht,
Und Zärtlichkeit für mich – ihr Götter!
Ich hofft' es, ich verdient' es nicht!

25 Doch ach, schon mit der Morgensonne
Verengt der Abschied mir das Herz:
In deinen Küssen welche Wonne!
In deinem Auge welcher Schmerz!
Ich ging, du standst und sahst zur Erden
30 Und sahst mir nach mit nassem Blick:
Und doch, welch Glück, geliebt zu werden!
Und lieben, Götter, welch ein Glück!

1 Notiere deine ersten Gedanken und Fragen zu dem Gedicht. Schreibe in dein Heft.

2 a) Kreuze an: In diesem Gedicht von Johann Wolfgang von Goethe geht es um:

☐ ein Naturerlebnis   ☐ ein riskantes Abenteuer

☐ eine heimliche Liebe   ☐ eine gruselige Nacht

b) Begründe deine Meinung und belege am Text. Schreibe in dein Heft.

Äußere Form und sprachliche Gestaltung untersuchen

1 Beschreibe die äußere Form des Gedichts und bestimme das Reimschema.

_____

_____

_____

2 Notiere rechts neben den Strophen die jeweilige Handlung und wichtige Aussagen.

3 Unterstreiche in der ersten und letzten Strophe Hinweise zur Zeit des Geschehens und fasse dann in einem Satz die beschriebene Handlung zusammen, die innerhalb dieses Zeitrahmens stattfindet.

_____

_____

_____

4 Ergänze in der Tabelle zu den folgenden Versen die parallel gebauten Verse, die sich auf das lyrische Du beziehen. Beschreibe dann, was die Verse verbindet und was sie über die Beziehung der beiden aussagen.

Lyrisches Ich	Lyrisches Du
In meinen Adern welches Feuer! In meinem Herzen welche Glut!	

5 Strophe 3 beginnt mit einem vier Verse langen Satz. Achte auf Anfang und Ende des Satzes. Welche Wörter werden durch Inversion betont und warum? Formuliere deine Beobachtungen in ganzen Sätzen.

_____

_____

_____

6 An mehreren Stellen verwendet Goethe Ausrufe. Markiere sie im Text und erkläre, warum sie an diesen Stellen eingesetzt werden.

_____

_____

_____

_____

7 a) Verbinde die Aussagen auf S. 29 mit den entsprechenden Textbelegen.

b) Formuliere in deinem Heft die Gedanken zum Gedicht in ganzen Sätzen
und belege sie am Text.

Aussage	Textbeleg
Das lyrische Ich ist voll leidenschaftlicher Ungeduld.	„Ich hofft' es, ich verdient' es nicht!"
Obwohl es im Schutz der Nacht unterwegs ist, fürchtet es, entdeckt zu werden.	„Es schlug mein Herz, geschwind zu Pferde!"
Beide fühlen sich tief verbunden und sehr glücklich.	„Wo Finsternis aus dem Gesträuche Mit hundert schwarzen Augen sah."
Die Liebe des anderen wird als Geschenk gesehen.	„... die milde Freude/floss von dem süßen Blick auf mich; Ganz war mein Herz an deiner Seite und jeder Atemzug für dich."

Sturm und Drang (1760–1785)

Bezeichnendes Motiv des „Sturm und Drang" ist die Forderung nach Freiheit.
Es geht dabei sowohl um die Freiheit des Einzelnen, sich gegen Traditionen und
Regeln zu stellen, als auch um politische Freiheit. Das Genie, das sich gegen
Autoritäten auflehnt und rebelliert, wird verehrt, es folgt unbeirrt den eigenen
5 Vorstellungen. Figuren wie „Götz von Berlichingen" und Karl Moor in Schillers
„Räuber" entsprechen diesem Ideal. Freundschaft und Liebe sind ebenfalls häufige
Themen. Bezeichnendes Buch der Epoche ist „Die Leiden des jungen Werther" von
Johann Wolfgang Goethe. Er beschreibt die leidenschaftliche, doch unglückliche
Liebe. Die Form von Gedichten ist weniger wichtig als ihr Rhythmus und der
10 emotionale Ausdruck.

8 Lies den kurzen Text über die literarische Epoche des „Sturm und Drang".
Welche Motive erkennst du in Goethes Gedicht?

_____

_____

_____

_____

_____

_____

_____

_____

_____

_____

Eine Gedichtinterpretation schreiben

1 Untersuche die folgenden Einleitungen auf Vollständigkeit und ergänze fehlende Angaben.

Das Gedicht „Willkommen und Abschied" wurde von Johann Wolfgang Goethe geschrieben.

_____

_____

Goethes Gedicht beschreibt die leidenschaftliche Liebe eines jungen Mannes.

_____

_____

2 Ordne und nummeriere die folgenden Ausschnitte eines Hauptteils in der richtigen Reihenfolge.

☐ Das lyrische Ich handelt spontan und unüberlegt, „es war getan fast eh gedacht." (V. 2) Daran lässt sich ablesen, dass es verliebt ist, denn es denkt nicht lange nach, sondern handelt seinen Gefühlen entsprechend. Es entspricht damit auch dem Bild des unabhängigen Genies, das im Sturm und Drang sehr verehrt wurde.

☐ Das Gedicht besteht aus vier Strophen mit je acht Versen. Die Strophen 2 und 3 enden mit je zwei Ausrufesätzen, in der letzten Strophe sind es insgesamt vier Ausrufe.

☐ Glück und Schmerz liegen in dieser Liebe eng zusammen. Als das lyrische Ich geht, blickt die Geliebte ihm nach „mit nassem Blick" (V. 30), sie ist traurig, dass das lyrische Ich geht. Das lyrische Ich sieht zwar, dass es der Geliebten nicht gut geht („In deinem Auge welcher Schmerz!", V. 28), aber dennoch ist es für das lyrische Ich ein „Glück, geliebt zu werden!" (V. 31) und zu „lieben, Götter, welch ein Glück!" (V. 32). Es will dieses Glück, diese Liebe genießen.

☐ Das Gedicht beschreibt eine heimliche Liebe. Das lyrische Ich, ein stürmischer Liebhaber, reitet am Abend zu seiner Liebsten und verbringt die Nacht bei ihr.

☐ Durch zahlreiche Personifikationen wirkt die Natur in der ersten Strophe bedrohlich. Die Eiche steht „im Nebelkleid" (V. 5) und die Finsternis schaut „mit hundert schwarzen Augen" (V. 8) „aus dem Gesträuche" (V. 7). Das lyrische Ich scheint zu befürchten, entdeckt oder erkannt zu werden. Auch in der folgenden Strophe wird …

3 Ordne die folgenden Formulierungshilfen den inhaltlichen Abschnitten zu.

Einleitung:

_____

_____

_____

_____

_____

Hauptteil:

_____

_____

_____

_____

_____

Schluss:

_____

_____

_____

_____

_____

(1) Für mich spricht das Gedicht große Gefühle aus. Ich denke ...

(2) In dem Gedicht „Willkommen und Abschied" von Johann Wolfgang Goethe geht es um ...

(3) Die Ausrufe, die in den Zeilen ... verwendet werden, zeigen ...

(4) Als Goethe als junger Student in Straßburg studierte, verliebte er sich in eine hübsche Pfarrerstochter namens Friederike Brion ...

(5) Die Furcht des Reiters, entdeckt zu werden, wird durch die Personifikation der „Finsternis" (Vers ...) verdeutlicht. Sie sieht mit „hundert schwarzen Augen" (V. ...) und wirkt dadurch sehr bedrohlich.

(6) Goethe hält mit diesem Gedicht das Empfinden vieler verliebter Menschen fest. Der Leser/die Leserin ...

(7) Johann Wolfgang von Goethe schreibt in seinem Gedicht „Willkommen und Abschied" über die zarte Liebe zweier Menschen, die jedoch öffentlich kein Paar sind.

4 Schreibe eine vollständige Gedichtinterpretation in dein Heft.

Fit für die Prüfung!

Einen inneren Monolog verfassen

Benedict Wells

Gefangen in der Zeit

Ich fühlte mich gefangen in der Zeit. Ich wollte eine Stimmung wie am Ende der sechziger Jahre, denn hier gab es nichts. Nichts, wofür man sterben konnte, und nichts, wofür es sich zu leben lohnte. Wozu auch? Alles war schon durchgekaut und ausgespuckt worden, jeder Mist schon mal da gewesen. Naivität
5 war tot, man wurde in die Gleichgültigkeit getrieben. Die meisten jungen Leute waren angepasst, ideenlos, langweilig. Und wenn sie ausgeflippt und anders waren, waren sie erst recht langweilig, auf eine unangenehme Art. Ich kam mir vor wie in einer riesigen leeren Steppe. Wer Mut hatte, ragte hervor wie ein Monolith*, aber der Preis war Einsamkeit. Ich wusste, ich würde scheitern. Ich saß
10 da in meinem Kellerloch und schrieb mein Zeugs, und selbst wenn es das Größte war, würde es da draußen keinen interessieren. Ich machte mir Pläne und hatte jede Menge vor, aber was ich auch schreiben und sagen würde, es würde niemand hören. Es würde versickern oder an der Abgestumpftheit um mich herum ersticken, es war sowieso nur mein eigenes, leises Echo auf das bisher
15 Dagewesene.

Ich knallte die Haustür hinter mir zu und trat auf die Schönhauser Allee. Während ich meinen Weg entlang zur U-Bahn trottete, fiel mir erneut die eigenartige Krankheit auf, die die ganze Stadt befallen zu haben schien. Es gab keinen „Einzelgänger". Ich war eine totale Ausnahme. Überall gingen Pärchen, Männerpärchen, Frauenpärchen, gemischte Pärchen, alte, junge Punks spazierten mit ihren Hunden (ich habe nie ganz herausgefunden, in welcher Beziehung die Punks zu ihren Hunden standen), in allen erdenklichen Konstellationen marschierten hier
20 Menschen auf und ab. Aber einsam war außer mir niemand. Das war es auch, was mir bei meinem jetzigen Einsiedlerleben irgendwie fehlte. Ich lebte anscheinend in einseitiger Symbiose* mit der Masse. Ich wollte zwar allein sein, aber ich brauchte eine Menschenmenge, von der ich mich absondern konnte.
Ich bemerkte nun, dass schon seit einiger Zeit ein älterer, dicklicher Mann neben
25 mir herging, auch er musste zur U-Bahn. Enttäuscht winkte ich ab, als ich von der Treppe aus sah, dass meine Bahn bereits auf ihre Abfahrt wartete. Ich war mir sicher, sie nicht mehr zu erreichen, und blieb stehen. Es gab für mich nichts Unsinnigeres, als alles für etwas zu geben, bei dem die Chancen schlecht standen. Deshalb hatte ich vor einer schwierigen Prüfung nie gelernt, und deshalb rannte
30 ich jetzt auch nicht.
Der alte Dicke neben mir setzte sich jedoch in Bewegung. Ich schnaubte verächtlich. Er würde die U-Bahn niemals mehr erwischen. Doch er rannte und rannte und gab alles. Schließlich schlug meine herablassende Überlegenheit in ungläubiges Entsetzen um. In letzter Sekunde, gerade als die Türen zugingen,
35 hatte sich der kleine dicke Mann doch noch in die U-Bahn gerettet. Ich sah, wie sich die Türen schlossen und die Bahn abfuhr. Ohne mich.

Monolith: allein stehender Fels

Symbiose: Zusammenleben verschiedener Lebewesen zum gegenseitigen Nutzen

1 Ordne die vier Aussagen den Textabschnitten zu, indem du sie in der richtigen Reihenfolge nummerierst.

☐ Ein Mann, der dasselbe Ziel hat wie er, fällt der Ich-Erzählerin/dem Ich-Erzähler auf.

☐ Auf dem Weg zur U-Bahn vergleicht sich die Ich-Erzählerin/der Ich-Erzähler mit den anderen Passanten.

☐ Die Ich-Erzählerin/der Ich-Erzähler denkt über sich und ihr/sein Leben nach.

☐ Zu seiner Überraschung erreicht der andere Mann sein Ziel.

2 Wo wohnt die Ich-Erzählerin/der Ich-Erzähler? Kreuze die richtige Antwort an.

☐ In einer Penthouse-Wohnung im Stadtzentrum.

☐ In einer Souterrain-Wohnung im Stadtzentrum.

☐ In einem Einfamilienhaus am Stadtrand.

☐ In einer Kellerwohnung auf dem Land.

3 Suche die Antworten im Text.

a) In welcher Straße wohnt die Ich-Erzählerin/der Ich-Erzähler?

_____

b) Welche Tätigkeit übt sie/er aus?

_____

c) Wie denkt sie/er über junge Menschen?

_____

_____

4 Warum will die Ich-Erzählerin/der Ich-Erzähler lieber am Ende der sechziger Jahre leben? Kreuze die richtige Antwort an und nenne passende Textstellen.

☐ Weil früher alles besser war und die Menschen sich mehr begeisterten.

☐ Weil es früher mehr Freiheiten gab und jeder ausgeflippt sein konnte.

☐ Weil die Menschen früher Ideale hatten und eigene Ideen verwirklichen wollten.

_____

_____

_____

5 Kreuze ein passendes Synonym an.

Naivität (Z.4): ☐ Ahnungslosigkeit ☐ Neuartigkeit ☐ Natürlichkeit

Konstellation (Z.22): ☐ Zusammenstellung ☐ Zusammenarbeit ☐ Bedürftigkeit

6 Suche im Text vier Verben aus dem Wortfeld „gehen" und notiere den Infinitiv in deinem Heft.

7 Die Ich-Erzählerin/der Ich-Erzähler erlebt wechselhafte Gefühle.
Suche die Textstellen, die diese Gefühle zum Ausdruck bringen, und nummeriere sie
dann in der Reihenfolge, in der sie erlebt werden.

Gefühle	Textbelege
Sie/er ist schockiert und irritiert.	
Sie/er ist frustriert und antriebslos.	
Sie/er ist arrogant.	
Sie/er fühlt sich alleine und einsam.	

8 Ordne den Zitaten die passenden sprachlichen Mittel zu. Trage die entsprechenden
Buchstaben ein.

M – Metapher   **P** – Personifikation   **E** – Ellipse   **V** – Vergleich

__ Wer Mut hatte, ragte hervor wie ein Monolith, aber der Preis war Einsamkeit.

__ Ich fühlte mich gefangen in der Zeit.

__ ... fiel mir erneut diese eigenartige Krankheit auf, die die ganze Stadt befallen
zu haben schien ...

__ Naivität war tot, man wurde in die Gleichgültigkeit getrieben.

__ Ohne mich.

__ Es würde versickern oder an der Abgestumpftheit um mich herum ersticken.

9 Die Beobachtung des alten Dicken führt zu einer Erkenntnis des Ich-Erzählers.
Formuliere diese Erkenntnis in eigenen Worten.

_____

_____

_____

_____

10 Fasse die Aussage des Textes zusammen und nimm Stellung dazu.
Begründe deine Meinung. Schreibe in dein Heft.

Aufgabenstellung:

Schreibe einen kurzen inneren Monolog des älteren, dicklichen Herrn, der sich in Bewegung setzt, um die Bahn noch zu erreichen. Der Monolog erklärt, warum der Mann sich so anstrengt, die Bahn zu erreichen. Der Monolog endet in der Bahn. So kannst du beginnen:

Nein, die Bahn ist ja schon da! So ein ...

1 a) Notiere in Stichworten alle Informationen, die im Text zur Person stehen.

_____

_____

b) Schreibe zwei bis drei Sätze, die erklären, was diese Angaben über die Person aussagen.

_____

_____

_____

_____

c) Versetze dich in den Mann: Wie fühlt er sich? Wie erklärt sich sein Verhalten?

_____

_____

_____

_____

2 Unterstreiche in der Aufgabe, welche Frage dein Text beantworten muss. Notiere in Stichworten eine Antwort.

_____

_____

3 Kreuze Aussagen an, die deiner Meinung nach auf die Sprache und Form deines Textes zutreffen müssen.

- ☐ Eher kurze Hauptsätze und Ellipsen
- ☐ Viele Ausrufe und Fragen
- ☐ Lange Satzreihen und Satzgefüge
- ☐ Jugendsprachliche Wendungen und Ausdrücke
- ☐ Schriftsprache verwenden
- ☐ Einleitung – Hauptteil – Schluss
- ☐ Direkter Einstieg

4 Schreibe den inneren Monolog in dein Heft.

Eine textgebundene Erörterung schreiben

Eine Pro-und-Kontra-Erörterung planen und schreiben:

Bei einer Erörterung, die du auf der Grundlage von Sachtexten und Grafiken/
Diagrammen schreiben sollst, gehst du so vor:
- Beachte die Aufgabenstellung genau.
- Überfliege das vorliegende Material.
- Analysiere die vorhandenen Grafiken/Diagramme.
- Erschließe die angebotenen Texte.
- Schreibe die Argumentation, indem du dich auf das Material beziehst.

Aufgabenstellung:

Immer mehr Verbraucher greifen zu Bioprodukten. Welche Gründe können dafür sprechen
und welche Gegenargumente gibt es?
Werte zunächst die angebotenen Materialien aus.
Verfasse dann einen Artikel für die Schülerzeitung, in dem du deinen Mitschüler/innen
die Vor- und Nachteile darstellst.
Schließe mit einem Appell, der deine Meinung wiedergibt.

 Aus einem Online-Lexikon:

> Als Biolebensmittel werden Lebensmittel aus der ökolo-
> gischen Landwirtschaft bezeichnet. Der Begriff ist in der
> EU gesetzlich definiert. Diese Produkte müssen aus
> ökologisch kontrolliertem Anbau stammen, dürfen
> 5 nicht gentechnisch verändert sein und werden ohne
> Einsatz konventioneller Pestizide, Kunstdünger oder
> von Abwasserschlamm angebaut. Tierische Produkte
> stammen von Tieren, die artgerecht gemäß EG-Öko-
> Verordnung und in der Regel weniger mit Antibiotika
> 10 und Wachstumshormonen behandelt wurden. Die
> Produkte enthalten weniger Lebensmittelzusatzstoffe
> als konventionelle Lebensmittel.

 Aus einem Test der Stiftung Warentest:

Bioprodukte

Wo Bio schwach ist und wo stark

Biolebensmittel sind in. Gab es biologisch angebaute Lebensmittel bis vor einigen
Jahren nur im Reformhaus und auf dem Wochenmarkt, haben inzwischen sogar
Discounter eigene Bioproduktpaletten. Trotzdem: Bio ist nicht immer besser als
Nicht-Bio. *test* zeigt, wo sich der Kauf von Bioprodukten lohnt und wo nicht.

5 *Pestizide: Bio meist unverdächtig*
Frisches Bioobst und -gemüse sowie Biotee sind meist pestizidfrei. Das zeigen
unsere Untersuchungen auf Rückstände von Pflanzenschutzmitteln. In knapp drei
Viertel der Bioware konnten wir keine Pestizide nachweisen. So muss es auch sein.
Denn bei der Ökoproduktion wird auf chemisch-synthetische Pestizide verzichtet.
10 Gegen Schädlinge und Unkraut gehen Bioerzeuger mit robusten Pflanzen, aber
auch mit Seifen, Ölen und Kupfer vor, und sie vermeiden Monokulturen.
So pestizidfrei wie das Gros der Bioprodukte waren nur elf Prozent vom konventionellen Gemüse, Obst und Tee. Frei von Pestiziden heißt aber nicht, dass die Ware
damit nie in Kontakt gekommen wäre. Viele Pflanzenschutzmittel können sich

15 ganz oder bis auf Spuren abbauen. „Sehr gering" oder „gering" belastet waren
60 Prozent der konventionellen Produkte in unseren Tests. Damit liegen sie weit
unter den gesetzlichen Höchstmengen, die eine gesundheitliche Gefährdung
ausschließen. Überschreitungen dieser Höchstmengen kamen selten vor, doch
29 Prozent der normalen Handelsware war immerhin „deutlich" oder „hoch"
20 belastet. Angesichts weiterer Umweltbelastungen sollte hier gelten: Je weniger
Pestizide in der Nahrung, desto besser.

Frisch vom Feld: Bio ist meist top

Unverarbeitet sind Bioprodukte den konventionellen überlegen, wie unsere Untersuchungen zeigen. Anders als bei den konventionell produzierten Tomaten waren
25 zum Beispiel alle Ökoproben frei von Pestiziden. Ebenso waren sieben von acht
Bioäpfeln unbelastet, allerdings waren die meisten konventionellen Äpfel auch
nur „sehr gering" belastet. Uneinheitlich das Bild bei den Salaten: Drei Viertel der
konventionell angebauten Salate war „deutlich" bis „stark" mit Nitrat belastet.
Mit dem geringsten Nitratgehalt tat sich ein Biorukola hervor, ein anderer Biosalat
30 hatte aber „deutliche" Nitratgehalte. Ökotee war gar nicht mit Pestiziden belastet
oder nur „sehr gering". Dagegen war jeder dritte konventionelle Grüntee nicht
akzeptabel. Ähnlich sieht die Lage bei den Früchtetees aus: Von den sechs Bioprodukten im Test waren fünf „nicht belastet", ein Früchtetee nur „gering". Von 34
konventionellen waren fünf „deutlich" belastet. Bisweilen hat auch Bioware
35 Giftflecken auf der sonst so reinen Weste. Grüne Biopaprika waren „deutlich"
mit Pestiziden belastet. Ähnliches gilt auch für die Biovertreter unter den gefüllten
und ungefüllten Weinblättern. Ein Produkt war „deutlich", ein anderes „stark"
belastet. Auch auffällig viele konventionelle Paprika und Weinblätter hatten
allerdings mit Pestiziden zu kämpfen.

40 Bio ist nicht öko

Verbraucher, die wirklich umweltbewusst einkaufen wollen, sollten beim Lebens-
mittelkauf nicht nur auf das Biosiegel achten. Ein wichtiges Kriterium ist auch
die Herkunft der Produkte. Biologisch erzeugte Speiseöle aus Argentinien oder
Trauben aus Südafrika belasten durch den weiten Transportweg die Umwelt
45 deutlich mehr als konventionell erzeugte Waren aus Deutschland. Je näher
Anbaugebiet und Verkaufsort zusammenliegen, desto besser ist dies für die
Umwelt. Achten Sie daher besonders darauf, nur Ware zu kaufen, die gerade
Saison hat und daher aus der Region stammt.

Unser Fazit: Preis

50 Biolebensmittel kosten fast immer etwas mehr als konventionelle. Die Ökoland-
wirtschaft ist sehr arbeitsintensiv und weniger ertragreich. Schließlich soll bei der
Fleischerzeugung auf Massentierhaltung und beim Pflanzenanbau auf Monokulturen verzichtet werden. So verwundert es kaum, dass die Ökoware wie beispielsweise beim exotischen Ananassaft in manchen Tests zu den teuersten Produkten
55 gehörte. Die Biosäfte kosteten drei- bis viermal so viel wie konventionelle. Anders
gestalten sich die Preise bei Grundnahrungsmitteln. Zum Beispiel waren die
Bioapfelsäfte im Test nicht teurer als manche konventionellen. Auch Biospaghetti
kosteten etwa so viel wie konventionelle Markenprodukte.

Unser Fazit: Geschmack

60 Bioprodukte schmecken im Allgemeinen nicht anders als konventionelle. Ökolebensmittel haben bisweilen sogar kulinarische Nachteile, wenn sie hochwertig verarbeitet sind. Die Verwendung ökologischer Zutaten allein führt dort dann nicht immer zu einem sensorisch optimalen Endprodukt. Das kann an den Rezepturen liegen (z.B. bei Biofertiggerichten), aber auch an nicht ausreichend 65 sorgfältiger Verarbeitung, Abpackung, Lagerung, am Transport oder Verzicht auf Farbstoffe (z.B. Carotin bei Butter). So sehen die verarbeiten Biofertiggerichte dann eventuell nicht so lecker aus, oder sie schmecken teilweise auch nicht so gut oder jedenfalls nicht besser als konventionelle Nahrungsmittel oder Fertiggerichte, die ohne Biogrundstoffe hergestellt wurden. Beispiele wären Schoko-Brotaufstriche: 70 Hier hängt der Geschmack nicht davon ab, ob die verwendeten Zutaten wie z.B. Kakao, Nüsse oder der verwendete Zucker „Bioansprüchen" genügen. Auch unerwünschte Keime beim Verpacken sind bisweilen ein Problem. Die Mindesthaltbarkeitsfrist ist oft zu lang. Dann passiert es, dass ein 75 Kochschinken „sauerdumpf" oder ein Mozzarella „alt" schmeckt.

Unser Fazit: Gesundheit

Ökoobst, Ökogemüse und Ökotee sind meist erfreulich pestizidfrei. Das ist ein 80 klarer gesundheitlicher Vorteil, den konventionelle Produkte so nicht immer bieten. Pestizidfreie Ware ist im Sinne des vorbeugenden Gesundheitsschutzes also allemal besser. Ein weiterer 85 Ökobonus: Tendenziell reichert sich weniger Nitrat in Biogemüse an. So kommt auf Bioäcker möglichst kein nitrathaltiger Stickstoffdünger. Aus Nitrat können Krebs erzeugende Nitrosamine entstehen. Außerdem 90 belastet der Nitratdünger, der nicht von den Pflanzen aufgenommen wird, das Grundwasser und damit unser Trinkwasser. Viele Menschen schätzen aber auch die ethische Qualität der Biolandwirtschaft. Sie legen Wert auf eine nachhaltige, das heißt ökologische und sozialverträgliche Produktion, die den natürlichen Kreislauf von Boden, Pflanze und Tier fördert. 95 So bestehen zum Beispiel die Felder nicht aus riesigen Monokulturen, die dann wiederum den Einsatz von Schädlingsbekämpfungsmitteln nötig machen. Tiere werden artgerecht gehalten. Rinder und Kühe bekommen zum Beispiel Laufställe, Hühner dürfen am Boden laufen und scharren, statt in engen Käfigen zu sitzen. Bioprodukte zu kaufen, unterstützt die Anbieter darin, Tiere so zu halten. Dies 100 sorgt bei uns Verbrauchern für ein gutes Lebensgefühl. Und ein schonender Umgang mit der Umwelt erhält sie auch den nachfolgenden Generationen.

1 Lies dir M1 genau durch. Markiere Textpassagen, die für die Frage „Was sind Biolebensmittel?" wichtig sind.

2 Lies die Überschrift des Textes M2 der Stiftung Warentest.
Formuliere dann das Thema des Textes in einem Aussagesatz:

In diesem Text geht es um ...

3 Überfliege den Text. Welche der folgenden Aussagen erfasst den Inhalt am besten?
Kreuze an.

☐ Der Text beschreibt die Vor- und Nachteile von verschiedenen Bioprodukten anhand
von Testergebnissen.

☐ In diesem Text erhält man Informationen, welche Bioprodukte man kaufen soll.

☐ In dem Artikel wird dazu aufgefordert, die Herstellung von Bioprodukten besser
zu überwachen.

☐ In dem Text wird dazu aufgefordert, mehr Bioprodukte herzustellen und zu kaufen.

4 Welche Aussagen treffen deiner Meinung nach zu? Kreuze an.

☐ Hier wird sachlich und objektiv informiert.

☐ Es werden einseitige Meinungen wiedergegeben.

☐ Bioprodukte werden überwiegend negativ dargestellt.

☐ Es werden nur die Vorzüge von Bioprodukten angeführt.

☐ Das Schlusskapitel fordert dazu auf, Bioprodukte zu kaufen.

5 An welcher Stelle in den Texten M1 und M2 findest du folgende Aussagen?
Notiere M1 oder M2 und die Zeilen in den Klammern dahinter.

Bioprodukte stammen aus ökologisch kontrolliertem Landbau. (   )

Biolebensmittel enthalten auch Lebensmittelzusatzstoffe. (   )

Durch den Anbau von Bioprodukten werden die Böden und das Grund- und Trinkwasser
weniger belastet. (   )

Es gibt EU-weit geltende Gesetze, die regeln, welche Anforderungen an ein Bioprodukt
zu stellen sind. (   )

Biologisch erzeugte pflanzliche Lebensmittel enthalten weniger Pestizide. (   )

Geschmacklich unterscheiden sich biologisch erzeugte Lebensmittel kaum von
herkömmlichen Produkten. (   )

Biologisch erzeugte Lebensmittel sind dann nicht umweltgerecht (ökologisch), wenn
sie aus fernen Ländern stammen. Der weite Transportweg belastet die Umwelt. (   )

6 a) Unterstreiche in den Abschnitten jeweils Schlüsselwörter.

b) Fasse nun deren Inhalt mit eigenen Worten in je zwei bis drei Sätzen in deinem Heft
zusammen.

*– Pestizide: Bio meist unverdächtig – frisch vom Feld: Bio ist meist top – Bio ist
nicht öko – Unser Fazit: Preis, Unser Fazit: Geschmack, Unser Fazit: Gesundheit*

7 Unterstreiche im Text alle Argumente, die für Bioprodukte sprechen, grün und alle
Argumente, die gegen diese Produkte sprechen, rot. Lege eine Tabelle in deinem Heft an
und trage die Argumente stichwortartig ein.

Was spricht dafür, was dagegen, Biolebensmittel zu kaufen?	
Pro	Kontra

M3 Diagramm

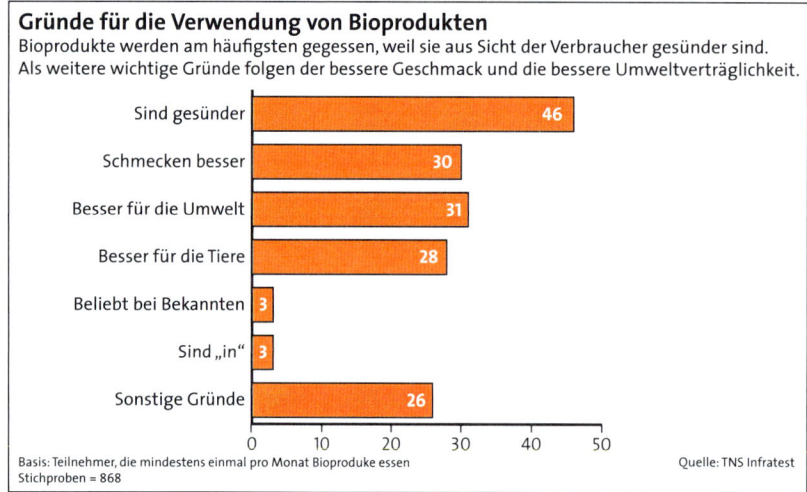

Gründe für die Verwendung von Bioprodukten
Bioprodukte werden am häufigsten gegessen, weil sie aus Sicht der Verbraucher gesünder sind. Als weitere wichtige Gründe folgen der bessere Geschmack und die bessere Umweltverträglichkeit.

Sind gesünder	46
Schmecken besser	30
Besser für die Umwelt	31
Besser für die Tiere	28
Beliebt bei Bekannten	3
Sind „in"	3
Sonstige Gründe	26

Basis: Teilnehmer, die mindestens einmal pro Monat Bioproduke essen
Stichproben = 868

Quelle: TNS Infratest

1 Lies die Überschrift. Um welches Thema geht es? Vervollständige den Satz.

In diesem Diagramm erfährt man, warum

2 Warum kaufen Verbraucher Bioprodukte? Schreibe einen Text, in dem du auf die Aussagen des Diagramms eingehst. Schreibe in dein Heft.

3 Beurteile die Ergebnisse, indem du in vollständigen Sätzen auf diese Fragen antwortest. Was hat dich überrascht? Hältst du diese Umfrage für aussagekräftig?

4 Fallen dir weitere Gründe ein, die man hier nennen könnte? Notiere sie in Stichworten.

5 Was spricht deiner Meinung nach gegen den Kauf von Bioprodukten? Notiere in Stichworten.

HILFE

An der Spitze/am meisten ... danach folgen/an zweiter Stelle kommen ... nachfolgend/genauso oft/im Mittelfeld/kaum weniger ... seltener/geringfügig/am Ende/am wenigsten/unbedeutend

Einen Schreibplan erstellen, den Hauptteil schreiben

Einen Schreibplan entwerfen, die Argumente ausformulieren und verknüpfen

Im Hauptteil stellst du die unterschiedlichen Argumente zu der Ausgangsfrage dar und versuchst, die Leserschaft durch die Argumente und ihre Anordnung von deiner Meinung zu überzeugen. Die Argumente sollten mit Zahlen/Fakten oder anschaulichen Beispielen überzeugend belegt werden.

- Wähle aus den Materialien Argumente aus. Entwerfe einen Schreibplan, um die Argumente zu ordnen. Beginne mit den Argumenten der Gegenposition. Führe sie in absteigender Reihenfolge aus (stärkstes zuerst, schwächstes zuletzt).
- Leite dann über zu den Argumenten, die deiner Position entsprechen. Führe diese nun in ansteigender Reihe auf (schwächstes zuerst und stärkstes zuletzt).
- Wo möglich, kannst du auch eigene Erfahrungen/Beispiele und Argumente einbringen, die die Aussagen des Textes ergänzen, bestätigen oder widerlegen.
- Verknüpfe die Argumente durch passende sprachliche Überleitungen.

1 Lege eine Stoffsammlung bzw. Stoffordnung an. Überlege zuerst: Was ist deine Meinung zum Thema? Plane anschließend den Hauptteil. Verwende die Argumente aus der Tabelle S. 39, den Text von S. 40, Aufgabe 2 und den Infokasten über Bioprodukte und erstelle einen Schreibplan, indem du die Stichworte hier entsprechend einordnest.

Gegenposition		
+++ stärkstes Argument	++ weniger starkes Argument	+ schwächstes Argument

Argument: Behauptung, allgemeine Erläuterung, Zahlen/Fakten, möglichst anschauliches Beispiel. Beziehe dich, wann immer möglich, auf die Angaben aus den Texten und Materialien.

Deine Position		
+++ stärkstes Argument	++ weniger starkes Argument	+ schwächstes Argument

Die sprachliche Verknüpfung von Argumenten:

Zunächst/Als Erstes …

Auch/Außerdem/ Zweitens …

Darüber hinaus/ Dazu kommt, dass …

Nicht vergessen darf man, dass …/

Besonders wichtig ist, dass …

Am wichtigsten ist sicherlich jedoch …

Das Hauptargument ist aus meiner Sicht …

Ein Argument mit einem Zitat aus dem Text belegen

Wie ich dem Text … (Titel) von … (Autor/in) in den Zeilen … bis … entnehmen kann …

Laut … (Autor/in, Text) …

Auch … (Autor/in) spricht davon/ führt in Zeile … bis … aus, dass …

Sinngemäß steht dies auch im Text … (Titel) im Abschnitt … von Zeile … bis Zeile …

2 a) Unterstreiche bei den zwei Argumenten im folgenden Textauszug Behauptung und Beleg/Beispiel in unterschiedlichen Farben.

Die meisten Menschen kaufen deswegen keine Bioprodukte, weil sie ihnen im Vergleich zu normalen Lebensmitteln zu teuer sind. Bedingt durch den größeren Aufwand bei dem Anbau der Pflanzen oder der Haltung der Tiere, ist es oft nicht möglich, etwas zum gleichen Preis wie konventionelle Landwirte anzubieten.
5 Wenn Tiere größere Ställe oder Gehege haben, können eben auf der gleichen Grundfläche nur weniger Tiere gehalten werden. So verteuert sich zum Beispiel der Preis für ein Huhn, das frei laufend gehalten wird, im Vergleich zu einem, das aus Käfighaltung kommt.
Mitschüler/innen wenden häufig auch ein, dass Bioprodukte auch nicht frei von
10 Rückständen sind. Dies hat auch eine Untersuchung der Stiftung Warentest aus dem Jahr 2007 ergeben. Darin wird festgestellt, dass Biosalate zum Beispiel teilweise Nitrat von Kunstdünger enthielten. Auch waren Grüntees aus Bioanbau durchaus auch mit Pestiziden belastet.
Manche Menschen wenden ein, dass Bioprodukte nicht so schön aussehen …

b) Führe nun das dritte Argument weiter aus. Suche dazu einen passenden Textbeleg.

_____

_____

_____

_____

_____

_____

3 Formuliere nun drei Argumente, die für Bioprodukte sprechen, in deinem Heft aus. Beachte deinen Schreibplan. Du kannst so beginnen:

Nachdem ich auf die Nachteile der Bioprodukte eingegangen bin, möchte ich jetzt auf die Vorteile zu sprechen kommen. Zunächst möchte ich aufführen, dass …

4 Schreibe nun den kompletten Hauptteil in dein Heft. Verwende dazu auch die Argumente aus Aufgabe 2.

5 Überprüfe: Sind alle Argumente vollständig? Hast du passende Überleitungen gefunden?

Die Einleitung der Erörterung formulieren

Die Einleitung einer Pro- und Kontra-Erörterung richtig formulieren

Nachdem du den Hauptteil der Erörterung ausformuliert hast, machst du dich an die Planung und Ausführung der Einleitung. Die Einleitung soll das Interesse der Leser/innen wecken und zum Thema hinführen. Beachte dabei Folgendes:

- Lies die Aufgabenstellung. Hier ist meist angegeben, an wen und in welcher Form du deine Erörterung schreiben sollst. (Adressat und Textsorte)
- Mögliche Einleitungsgedanken sind: Bezug zum Text (z. B. Definition des Schlüsselbegriffs, interessante Zahlen oder Fakten), ein aktuelles Ereignis oder ein persönliches Erlebnis.
- Formuliere am Ende der Einleitung die Ausgangsfrage deiner Argumentation und leite so zum Hauptteil über.

1 Ordne die Beispiele unten den vier Möglichkeiten für den Beginn einer Einleitung zu.

(1) Aktueller Anlass

(2) Definition eines Kernbegriffs der Erörterung

(3) Persönliches Erlebnis,

(4) Zahlen/Fakten zum Thema

☐ Laut einer Umfrage von „tnsinfratest", die mir als Diagramm vorliegt, kaufen 46 Prozent der Käufer von Bioprodukten diese deshalb, weil sie gesünder sind.

☐ Als Biolebensmittel werden Lebensmittel aus der ökologischen Landwirtschaft bezeichnet. Der Begriff ist in der EU gesetzlich definiert. Demnach dürfen nur ...

☐ Als ich letzte Woche mit meiner Mitschülerin Steffi in der Mittagspause im Supermarkt war, kauften wir uns Bananen. Ich war sehr überrascht, dass Steffi zu den Biobananen griff, obwohl die teurer waren als die „normalen".

☐ Heute haben wir im Deutschunterricht von unserem Lehrer einen Artikel aus der Zeitschrift „Test", Ausgabe 10 aus dem Jahr 2007 mit dem Titel „Wo Bio schwach ist und wo stark" über Bioprodukte bekommen.

2 Lies noch einmal aufmerksam die Aufgabenstellung auf S. 36.
Wähle den Einleitungsgedanken aus, der deiner Meinung nach am besten zur Aufgabenstellung passt, und formuliere nun die vollständige Einleitung.

Formulierungshilfen für die Ausgangsfrage:

Daher möchte ich im Folgenden erörtern ...

Es stellst sich also die Frage ...

Ich möchte euch/ Ihnen daher aufzeigen ...

Im Folgenden soll der Frage nachgegangen werden ...

Den Schluss verfassen

 Den Schluss einer Pro- und Kontra-Erörterung verfassen

Der Schluss bildet zusammen mit der Einleitung den Rahmen deiner Erörterung.
- Formuliere deine eigene Meinung.
- Gib je nach Aufgabenstellung einen Ausblick auf die Zukunft, äußere eine Empfehlung oder Forderung oder einen Appell an die Leserschaft.

1 Lies noch einmal die Aufgabenstellung auf S. 36. Welcher der folgenden Schlussvorschläge passt deiner Meinung nach am besten?

(1) Abschließend ist zusammenfassend zu sagen, dass es gewichtige Gründe für und gegen den Kauf von Bioprodukten gibt. Jeder muss für sich selbst entscheiden, was ihm wichtiger ist: etwas für die Umwelt tun, in der Regel gesünder leben oder eben Geld sparen und im Supermarkt oder beim Discounter nur immer nach dem niedrigsten Preis schauen und danach die Waren auswählen. Das kann man natürlich so oder so sehen, und man kann niemanden einen Vorwurf machen, wenn er sich für oder eben gegen Bio ausspricht.

(2) Zum Schluss möchte ich sagen, dass ich ganz klar für den Kauf von Bioprodukten bin. Sie sind gesünder, schonen bei der Herstellung unsere Umwelt und sind oft nicht einmal teurer als konventionelle Produkte. Ich bin der Meinung, gerade wir jungen Menschen sollten durch unser Kaufverhalten den Herstellern signalisieren, dass wir Bioprodukte wollen! Nur so werden die Produzenten und Anbieter dazu gebracht, das Sortiment zu verändern. Ich fordere euch auch dazu auf, in der nächsten Schulversammlung dafür zu stimmen, dass an der Schule nur noch Bioprodukte angeboten werden!

(3) Bioprodukte haben klare Vorteile. Es ist daher an der Zeit, etwas zu tun. Wir müssen hier alle gemeinsam an einem Strang ziehen. Wer sagt, ihm sei das alles egal, der redet Quatsch. „Zu teuer", wenn ich das schon höre. Dabei geben sie dann ihr Geld für Alufelgen fürs Auto oder ein unnützes Tablet aus. Ich hoffe, ihr seid alle meiner Meinung und ich habe euch mit diesem Text überzeugt!

a) Meiner Meinung nach ist Schluss (   ) am besten gelungen.

b) Begründe deine Meinung.

_____

_____

_____

_____

_____

_____

_____

_____

2 Lies jetzt noch mal deinen gesamten Text aufmerksam und überarbeite ihn gegebenenfalls.

Eine lineare Erörterung schreiben

> **Eine lineare Erörterung schreiben**
> - Informiere dich zunächst über das Thema: Worum geht es genau?
> - Was sollst du tun? (Schreibauftrag: Welcher Adressat, welche Textsorte?)
> - Lege eine **Stoffsammlung** an: Welche Argumente fallen dir zum Thema ein?
> - Bilde dir **eine Meinung** zu der vorgegebenen Fragestellung.
> - Entwirf einen **Schreibplan**.
> - Formuliere **Hauptteil**, **Einleitung** und **Schluss** der Erörterung.
> - **Überarbeite** deine Erörterung.

Aufgabenstellung:

Gewalt und Vandalismus an Schulen sind ein aktuelles Problem. Daher fordern Eltern und Politiker dazu auf, Schulen mit Videoüberwachungssystemen auszurüsten. Verfasse einen Kommentar für den Jahresbericht deiner Schule, in dem du für oder gegen diese Forderung Stellung beziehst und deine Meinung entsprechend begründest.

1 Untersuche die Aufgabenstellung und mache dir Notizen.

Thema: _____

Einschränkungen des Themas: _____

Adressat/en (für wen sollst du schreiben?): _____

Was sollst du schreiben (z.B. Brief, Artikel, Kommentar)?

_____

2 Analysiere die Aufgabenstellung. Welche der Aussagen treffen zu? Kreuze an.

- ☐ Es geht darum, ob Schüler/innen auf dem Schulgelände und in der Schule mit Videokameras überwacht werden sollen.

- ☐ Das Thema ist, dass es einen Sicherheitsdienst geben soll, der in der Schule patrouilliert.

- ☐ Du sollst thematisieren, ob und wie Eltern und Lehrkräfte die Schüler/innen genauer überwachen sollen.

- ☐ Du sollst eine sachlich ausgewogene Gegenüberstellung der Argumente für die Schülerzeitung liefern, sodass sich jeder seine Meinung bilden kann.

- ☐ Du sollst in dem Artikel deine Meinung zu dem Thema klar herausarbeiten und sie mit Argumenten stützen.

- ☐ Eventuelle Gegenargumente lässt du am besten unerwähnt.

- ☐ Gegenargumente solltest du aufgreifen und entkräften.

3 Welche Meinung hast du zu dem Thema? Kreuze an.

- ☐ Ich bin für eine Videoüberwachung an Schulen.

- ☐ Ich spreche mich gegen die Videoüberwachung an Schulen aus.

4 Ordne die folgenden Aussagen von Schüler/innen und Lehrkräften der Tabelle zu. Streiche die Aussagen, die nicht zum Thema passen.

Mario S.: „So ein Quatsch, da erwischen sie mich am Ende noch, wie ich im Fahrradkeller rauche. Nein danke."

Nesrin Y.: „ Also ich würde mich schon sicherer fühlen, gerade auch als Mädchen. Man weiß ja nie."

Carina P.: „Da bist du ja keinen Moment mehr unbeobachtet. Die sehen dann, ob du in der Nase bohrst, dich am Hintern kratzt oder was weiß ich."

Jelica I.: „Ich fänd's gut. Dann würden die Wände auch nicht mehr so verschmiert, und die Klos wären nicht mehr so verraucht."

Tom M.: „Das hält doch keinen davon ab, was anzustellen. Im Gegenteil, wenn der noch auf Video zu sehen ist, kommt er sich wahrscheinlich noch wichtiger vor."

Lehrer K.: „Man müsste nur mehr Aufsichten einteilen, dann hätten wir das auch so im Griff!"

Hausmeister R.: „In der Zeitung hab ich gelesen, dass die ganze Videoüberwachung auf öffentlichen Plätzen in amerikanischen Großstädten nichts gebracht hat. Die Zahl der Verbrechen ist laut einer Statistik nicht zurückgegangen."

Nico K.: „Das ist doch gar nicht erlaubt, die dürfen das doch gar nicht!"

Selma C.: „Was bringt das? Wer schaut das an? Und wenn die's anschauen, ist der ja schon in der Schule, und dann ist's eh zu spät."

Erol S.: „Die sollten lieber die Türen sichern und eine Security engagieren. Das würde abschrecken."

5 Notiere eigene Argumente.

Argumente, die für die Video-überwachung sprechen	Argumente, die gegen die Video-überwachung sprechen

6 Überprüfe deine Meinung und begründe sie kurz mit deinem Hauptargument.

Ich bin für/gegen die Videoüberwachung der Schule und des Schulgeländes, weil …

_____

_____

_____

Den Hauptteil einer linearen Erörterung schreiben

> **Einen Schreibplan erstellen, Argumente ausformulieren und verknüpfen**
>
> Im Hauptteil stellst du die Argumente zu der Ausgangsfrage dar und versuchst, die Leserschaft durch die Anordnung der Argumente von deiner Meinung zu überzeugen. Die Argumente sollten mit Zahlen/Fakten oder anschaulichen Beispielen überzeugend belegt werden.
> - Lege zunächst einen **Schreibplan** an. Verwende dazu die Argumente aus der Stoffsammlung und ordne sie, indem du mit dem schwächsten Argument beginnst, dann deine Argumente steigerst und mit dem stärksten Argument, das deine Meinung stützt, den Hauptteil beendest.
> - Beginne mit dem schwächsten Argument und verwende anschließend **passende Verknüpfungsmittel**, um von einem Argument zum nächsten überzuleiten. Greife **Gegenargumente** auf und entkräfte sie.

1 Lege dir in deinem Heft einen Schreibplan für den Hauptteil an. Nutze dazu auch die Tabelle mit den Argumenten auf S. 46. Je nachdem, welche Meinung du vertrittst, solltest du die Pro- oder die Kontra-Argumente heranziehen. Achte auf das Steigerungsprinzip.

+ schwächstes Argument	++ stärkeres Argument	+++ stärkstes Argument

2 Untersuche das folgende Argument. Kennzeichne Behauptung, Begründung und Beispiel durch Unterstreichen in Rot, Blau und Grün.

Zunächst möchte ich feststellen, dass die Videoüberwachung des Schulgeländes auf mögliche Straftäter oder Attentäter keinerlei abschreckende Wirkung hat. Schüler/innen, die zum Beispiel einen Amoklauf planen, werden sich davon nicht abschrecken lassen. Im Gegenteil, es kann sie sogar noch mehr dazu animieren, die Tat auszuführen, da sie dann ja wissen, dass ihre Tat gefilmt und womöglich im Fernsehen in den Nachrichten gezeigt wird. So habe ich in einem Dokumentarfilm über die Attentäter der Columbine-Schule in den USA erfahren, dass viele dieser Täter einen ausgeprägten Hang zur Selbstdarstellung haben und die Vorstellung genießen werden, dass sie gezeigt werden, wie sie Angst und Schrecken verbreiten.

3 Notiere ein weiteres Argument. Nutze dabei deine Tabelle oben und achte auf eine passende sprachliche Verknüpfung.

_____

_____

_____

_____

Formulierungshilfen zur Einleitung von Argumenten:

Zunächst / Als Erstes möchte ich …

Noch bedeutsamer ist …/ Nicht vergessen darf man auch …/ Hinzu kommt, dass …

Am wichtigsten ist aber …/ Entscheidend ist jedoch, dass …

4 Verknüpfe die Thesen mit passenden Belegen/Beispielen.

These	Beleg/Beispiel
Die Videoüberwachung in Schulen bietet keinen echten Schutz.	Es müsste nach dem Gesetz genau festgelegt werden, welche Bereiche überwacht werden und wie lange die Aufzeichnungen gespeichert werden dürften.
Mehr und bessere Aufsicht durch die Lehrkräfte unterbindet Vandalismus und Übergriffe wirksam.	So ist zum Beispiel die Zahl der Straftaten auf öffentlichen Plätzen oder Bahnhöfen nach Einführung der Videoüberwachung deutlich zurückgegangen. Dies belegen Untersuchungen aus europäischen Großstädten wie London.
Die Videoüberwachung von Schulen ist rechtlich fragwürdig.	Es ist allgemein bekannt, dass die Schulen meist Probleme mit Vandalismus oder Kleinkriminalität haben. Diesen Problemen kann man viel besser mit mehr Aufsichten begegnen als mit einer Videoüberwachung.
Die Videoüberwachung schreckt mögliche Täter ab und schafft mehr Sicherheit.	Studien haben gezeigt, dass die Täter von Amokläufen nicht damit rechnen, nach der Tat unerkannt fliehen zu können. Sie wollen ja gerade ins Rampenlicht der Öffentlichkeit geraten. Daher bietet eine Videoüberwachung keine Abschreckung.

Formulierungs-hilfen:

Viele meinen zwar…/Es ist zwar richtig, dass …/

Sicher ist der Einwand berechtigt, dass …

Man mag der Überzeugung sein, dass …

Trotzdem bin ich der Überzeugung …/Dennoch meine ich …/ Dem kann man entgegnen …

Man (Sie oder auch ihr) darf nicht vergessen, dass …/Ich möchte dem aber ent-gegenhalten …

5 a) Für eine überzeugende Argumentation ist es wichtig, Gegenargumente aufzugreifen und zu entkräften. Kennzeichne, wie die Gegenposition sprachlich aufgegriffen wird und wo dann die Entkräftung beginnt.

Ich kann verstehen, dass sich viele Mitschüler/innen durch eine Videoüber-wachung subjektiv sicherer fühlen würden. An jeder Schule gibt es Bereiche, die schwer einsehbar sind und auch nicht ständig von Lehrkräften beaufsichtigt werden können. Wenn man sich dort aufhalten oder diese Orte passieren muss, fühlt man sich nicht wohl und ist froh, wenn man wieder in einsehbareren und belebteren Bereichen angekommen ist. Man sollte jedoch bedenken, dass auch eine Videoüberwachung keine vollständige Sicherheit garantieren kann. Mögliche Täter werden sich dann Bereiche heraussuchen, die nicht oder nur unzureichend überwacht sind oder ihre Aktivitäten auf den Schulweg verlagern. Untersu-chungen aus amerikanischen Großstädten zeigen, dass die Videoüberwachung von zum Beispiel U-Bahnhöfen auf Dauer keine abschreckende Wirkung auf Straftäter hat.

b) Greife nun selbst ein Gegenargument auf und entkräfte es. Nutze dazu die Tabelle auf S. 47 und wähle ein Argument aus, das nicht deiner Position/Meinung zum Thema entspricht. Nutze die Formulierungshilfen in der Randspalte.

_____

_____

_____

_____

6 Schreibe nun den gesamten Hauptteil mit mindestens drei Argumenten in dein Heft.

Die Einleitung einer linearen Erörterung formulieren

> **❗ Die Einleitung einer linearen Erörterung formulieren**
>
> Die Einleitung einer schriftlichen Argumentation sollte die Leserschaft ansprechen und zum Thema führen. Je nach Themenstellung sind folgende Bestandteile möglich und sinnvoll:
> - Nenne das Thema, die Situation/den Misstand oder die zu entscheidende Frage.
> - Mache den Schreibanlass deutlich, indem du die Leserschaft direkt ansprichst.
> - Lege deinen eigenen Standpunkt in einem Satz dar.
> - Stelle dich selbst als Autor/in vor und erkläre, warum du Stellung nimmst.

1 Verbessere die folgende Einleitung.

Hey, Leute, ihr habt sie bestimmt schon mal auf Flughäfen, Bahnhöfen oder anderen öffentlichen Plätzen gesehen: Überwachungskameras! Sie sollen helfen, unser Leben sicherer zu machen. Ich finde das voll daneben. Zuletzt habe ich auch viel mit meinen Kumpels darüber gequatscht, und es gab die unterschiedlichsten Meinungen dazu. Deshalb werde ich jetzt einen Aufsatz dazu schreiben und euch die Vor- und Nachteile, die da so genannt wurden, darlegen.

a) Kennzeichne folgende Fehlergruppen durch farbiges Unterstreichen:

Sprache/Ausdrucksfehler: grün   falscher Adressatenbezug: blau

Thema nicht beachtet: rot

b) Schreibe die Einleitung in verbesserer Form auf. Beachte die Aufgabenstellung von Seite 45.

_____

_____

_____

_____

_____

_____

> **BEACHTE**
>
> Gleichaltrige/Mitschüler/innen als Adressaten werden mit „du" bzw. „ihr" angesprochen, Erwachsene, Eltern, Lehrkräfte usw. mit „Sie".

2 Was sind mögliche Bausteine für eine Einleitung? Streiche falsche Aussagen durch.

Ich beziehe mich auf einen aktuellen Anlass.

Ich richte einen Appell an die Leserschaft.

Ich zähle kurz einige Argumente auf.

Ich stelle die Themafrage.

Ich schildere kurz ein persönliches Erlebnis.

Ich steige mit einem passenden Zitat ein.

Ich fasse zusammen, was mir zu diesem Thema bekannt ist.

Den Schluss einer linearen Erörterung verfassen

1 Untersuche den folgenden Schluss. Markiere dazu die im Kasten oben aufgeführten Bestandteile durch farbiges Unterstreichen.

Ich bin daher der Meinung, dass eine Videoüberwachung an unserer Schule abzulehnen ist. Der Hauptgrund ist für mich, dass die Privatsphäre von Hunderten von Schüler/innen dann nicht mehr gewahrt ist. Es geht niemanden etwas an, ob ich mir gerade die Kleidung richte, ob ich in der Nase bohre oder etwas anderes tue. Selbst wenn die Aufzeichnungen irgendwann gelöscht werden, ist nicht sichergestellt, dass kein Unbefugter Zugriff auf die Überwachungsbilder bekommt. Um dem auf Grund der Vorfälle an den deutschen Schulen in den letzten Jahren gestiegenen Sicherheitsbedürfnis der Schüler/innen nachzukommen, sollten mehr Aufsichten durch Lehrkräfte eingeteilt werden. Hier hat man dann jederzeit einen persönlichen Ansprechpartner. Das ist auf jeden Fall einer anonymen Überwachung vorzuziehen. Diesen Vorschlag sollten wir Schüler/innen auf der nächsten Schulversammlung vorbringen!

2 Formuliere nun einen Schluss, in dem du dich für eine Videoüberwachung aussprichst. Nutze dazu die Formulierungshilfen in der Randspalte.

Formulierungs-hilfen:

Ihr seht also …

Ich hoffe, deutlich gemacht zu haben…

Aus dem Gesagten ergibt sich meiner Meinung nach …

Wir sollten alle darauf achten …

Ich kann nur dazu raten …

Es wäre meiner Meinung nach sehr wichtig …

Fit für die Prüfung!

Eine textgebundene Erörterung schreiben

M1 Ist wählen mit 16 cool?

Wählen schon als Teenager? In Deutschland darf man an den meisten Wahlen erst mit 18 Jahren teilnehmen, anders ist das zum Beispiel in Österreich. Jugendforscher wollen dem Nachbarn folgen – schrittweise.

ZÜ 1

Kinder und Jugendliche haben in Deutschland keine Wahl. Zur Wahlurne darf erst gehen, wer das 18. Lebensjahr vollendet hat. Nur bei einigen Kommunalwahlen in einzelnen Bundesländern dürfen Jugendliche schon mit 16 Jahren ihr Kreuz setzen. Im kleinsten deutschen Bundesland Bremen darf man bei den Wahlen zur
5 Bürgerschaft, vergleichbar mit den Landtagswahlen in anderen Bundesländern, ebenfalls schon mit 16 zur Stimmabgabe gehen – bisher die große Ausnahme, bis Ende 2011 Brandenburg nachzog. Damit haben erstmals Jugendliche ab 16 Jahren in einem Flächenstaat das Wahlrecht. Voraussichtlich 2014 dürfen die Jugendlichen dann erstmals in Brandenburg ihre Stimme abgeben, wenn nämlich über
10 das nächste Landesparlament abgestimmt wird.
Immer wieder gab es in letzter Zeit Vorstöße von einzelnen Parteien, das Wahlrecht auf 16 Jahre zu senken, zum Beispiel bei Parteien wie den Grünen, die sich bei Jugendlichen einer hohen Beliebtheit erfreuen. Aber bisher scheiterten all die Anträge auf eine Änderung des Wahlrechts an der nötigen Mehrheit im
15 Parlament. Zuletzt sorgte die Piratenpartei in Sachsen-Anhalt für Aufsehen, als sie bekannt gab, sich für ein Wahlrecht für alle Kinder ab zwölf Jahren einsetzen zu wollen.

ZÜ 2

Kritiker des Jugendwahlrechts führen immer wieder an, dass sich junge Leute heutzutage überhaupt nicht mehr für Politik interessieren würden. Sie plädieren daher sogar eher für eine Heraufsetzung des Wahlrechts auf 21 Jahre. In Teilen gibt Jugendforscher Klaus Hurrelmann den Kritikern recht: „Jugendliche ab zwölf,
5 13 Jahren haben in den letzten 20 Jahren immer weniger Interesse an den etablierten Parteien und an der Politik. Sie wenden sich zu einem großen Teil von diesen Strukturen ab."
Trotzdem sagt Hurrelmann: „Ich setze mich seit fast 20 Jahren für eine Absenkung des Wahlalters ein, auf Basis von Jugendstudien. Zu wissen, was ein Wahlrecht
10 bedeutet und was es bewirkt, diese Fähigkeit ist in den letzten Jahren deutlich gesunken", berichtet Hurrelmann. So seien Jugendliche in ihrer Entwicklung heute weiter als Gleichaltrige noch vor 30 Jahren. „Deshalb wäre es klug, das Mindestwahlalter schrittweise herunterzusetzen."
Hurrelmann dementiert auch die Behauptung, dass es nur politisch desinteres-
15 sierte junge Menschen geben würde. „Es gibt politisch interessierte Jugendliche, aber sie wünschen sich eine politische Struktur der Beteiligung, bei der sie direkt mitwirken und mitbestimmen können." Die bisherige Organisation des politischen Systems hätte bei den Heranwachsenden zur Politikverdrossenheit geführt und würde auch den derzeit starken Zulauf der Piratenpartei erklären, berichtet der
20 Experte.
Dass junge Wähler sowieso nicht von ihrem Wahlrecht Gebrauch machen würden, ist ebenfalls nicht zu beweisen. Bei den Bürgerschaftswahlen in Bremen 2011 lag die Wahlbeteiligung bei den jungen Wählern zwar unter dem Durchschnitt von

55,9 Prozent, dennoch war die Beteiligung bei den Erstwählern zwischen 16 und
25 20 Jahren mit 48,6 Prozent deutlich höher als die bei den 21- bis 25-Jährigen mit
39,8 Prozent. „Dort, wo die jungen Leute zum ersten Mal wählen konnten, haben
sie eine sehr starke Wahlbeteiligung gezeigt. Die war manchmal höher als die bei
den älteren Gruppen", bestätigt Hurrelmann.

ZÜ 3

In Europa ist bisher Österreich die einzige Ausnahme. Der Alpenstaat hat seit Juni
2007 als erstes europäisches Land überhaupt das Wahlrecht ab 16 Jahren
eingeführt. In den anderen europäischen Ländern gilt das aktive Wahlrecht erst ab
18 Jahren. Eine Umfrage aus dem Jahr 2013 zu diesem Thema bei Schülerinnen
und Schülern einer Realschule in Bayern erbrachte folgende Ergebnisse:

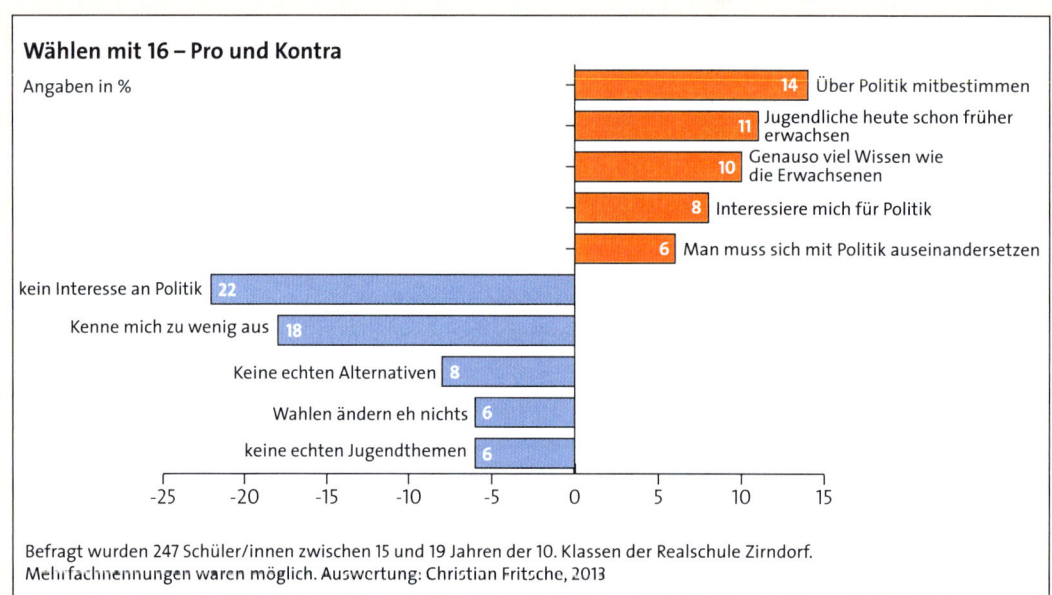

Wählen mit 16 – Pro und Kontra
Angaben in %

- 14 Über Politik mitbestimmen
- 11 Jugendliche heute schon früher erwachsen
- 10 Genauso viel Wissen wie die Erwachsenen
- 8 Interessiere mich für Politik
- 6 Man muss sich mit Politik auseinandersetzen

- kein Interesse an Politik 22
- Kenne mich zu wenig aus 18
- Keine echten Alternativen 8
- Wahlen ändern eh nichts 6
- keine echten Jugendthemen 6

-25 -20 -15 -10 -5 0 5 10 15

Befragt wurden 247 Schüler/innen zwischen 15 und 19 Jahren der 10. Klassen der Realschule Zirndorf.
Mehrfachnennungen waren möglich. Auswertung: Christian Fritsche, 2013

ZÜ 4

Das Interesse an Politik bei den Jugendlichen wieder zu steigern, erreiche man
aber nicht einfach über eine Absenkung des Wahlalters, sagt auch der Politikwissenschaftler Lothar Probst von der Universität Bremen. „Wer das glaubt,
der ist auf dem Holzweg. Das Interesse der Jugendlichen für Politik muss sich auf
5 anderen Kanälen entwickeln. Da müssen die Parteien vor allen Dingen viel tun.
Junge Leute treten heute kaum noch in Parteien ein, das ist langweilig, zu einer
Parteiversammlung zu gehen."
Dass junge Menschen nicht den ganz großen Drang haben, in die Politik zu gehen,
erkennt man allein schon, wenn man sich die einzelnen Parteien genauer
10 anschaut: Viele haben schon seit Jahren rückläufige Mitgliederzahlen, und auch
die Altersstruktur ist nicht gerade ausgewogen. Bei der SPD und der CDU ist fast
die Hälfte der Mitglieder über 60 Jahre alt.

ZÜ 5

Natürlich spielt hierbei auch der demografische Wandel in Deutschland eine Rolle.
Es gibt immer mehr ältere Menschen und weniger junge. Auch der Rat der
Europäischen Union hat diese Entwicklung erkannt; ausdrücklich fordert er
eine Anpassung des Wahlalters. Denn aktuell würden sonst immer mehr ältere
5 Menschen über die Zukunft der Jüngeren bestimmen, ohne dass die überhaupt
ein Mitspracherecht hätten.
Nicht bei allen jungen Leuten stößt die Absenkung des Wahlalters auf
Zustimmung. „Man möchte als junger Mensch nicht zu früh Verantwortung
übernehmen und scheut sich, in das politische System einzutreten", begründet
10 Hurrelmann die Zurückhaltung unter den Jugendlichen.

Doch neben dem Jugendwahlrecht wird auch noch über ein anderes Modell nachgedacht: das Wahlrecht von Geburt an, das von den Eltern oder Erziehungsberechtigten bis zum 18. Geburtstag stellvertretend für die Kinder wahrgenommen werden solle. Auch dieses Modell wird damit begründet, dass gerne zu Lasten
5 künftiger Generationen Belastungen in die Zukunft verschoben würden. Deshalb sollten Familien mit Kindern die Chance erhalten, deren Interessen im politischen Prozess Gehör zu verschaffen. Im Jahr 2008 hatten 46 Bundestagsabgeordnete im deutschen Bundestag den Antrag für ein Wahlrecht von Geburt an eingebracht. 2009 wurde er abermals eingebracht und an die entsprechenden Ausschüsse
10 weitergeleitet. Doch seitdem hat man nichts mehr davon gehört.

Teil I Leseverstehen: Erschließung von Text und Diagramm

1 Der Originaltext enthält an den gekennzeichneten Stellen Zwischenüberschriften. Füge diese Zwischenüberschriften (ZÜ) an den passenden Stellen ein.

> *Alternatives Familienwahlrecht – Desinteresse an Politik bei den Jugendlichen? – Herabsenkung des Wahlalters in einzelnen Bundesländern – Ausnahme Österreich – Immer mehr Ältere bestimmen für die Jungen mit – Parteien gefordert*

2 Überprüfe die folgenden Aussagen. Kreuze jeweils die richtige Antwort an.

a) Das erste deutsche Bundesland, das Wahlen mit 16 ermöglichte, war:

☐ Brandenburg ☐ Bremen ☐ Österreich ☐ Sachsen-Anhalt

b) Wofür setzt sich der Experte Hurrelmann ein?

☐ Heraufsetzung des Wahlalters ☐ Wahlen ab 12

☐ Schrittweise Senkung des Wahlalters ☐ Es soll alles so bleiben, wie es ist.

c) Der Politwissenschaftler Probst stellt fest:

☐ In den Parteien SPD und CDU gibt es überwiegend alte Mitglieder.

☐ SPD und CDU sind für junge Menschen attraktiv.

☐ Die Herabsenkung des Wahlalters führt dazu, dass junge Menschen sich für Politik interessieren.

☐ Junge Menschen diskutieren auf Parteiversammlungen engagiert mit.

d) Das Familienwahlrecht besteht darin, dass …

☐ alle Kinder ab zwölf wählen dürfen.

☐ eine Familie doppelt so viele Stimmen wie ein Single bekommt.

☐ ein Familienmitglied bestimmt, wie die anderen Familienmitglieder wählen sollen.

☐ der oder die Erziehungsberechtigte/n auch für jedes Kind ein zusätzliches Stimmrecht haben, bis dieses 18 Jahre alt ist.

3 Bei den Bürgerschaftswahlen in Bremen 2011 …

(1) lag die Wahlbeteiligung bei den 16- bis 20-jährigen Erstwählern höher als die Gesamtwahlbeteiligung.

(2) haben sich mehr 16- bis 20-jährige Erstwähler beteiligt als in der Altersgruppe der 21- bis 25-Jährigen.

(3) lag die Wahlbeteiligung der 16- bis 20-jährigen Erstwähler unter der Gesamtwahlbeteiligung.

☐ Alle Aussagen sind richtig.   ☐ Nur (2) ist richtig.

☐ (1) und (2) sind richtig.   ☐ (2) und (3) sind richtig.

4 Der Text stellt in der Überschrift die Frage: „Ist Wählen mit 16 cool?"
Trage in die Tabelle ein, welche Pro- und Kontra-Argumente sich dafür finden lassen.
Formuliere diese in Stichworten und notiere dir dazu die entsprechenden Zeilenangaben.

Pro Herabsenkung des Wahlalters	Kontra Herabsenkung des Wahlalters

5 Ist der Autor/die Autorin des Textes eher für oder eher gegen Wahlen ab 16?
Begründe deine Meinung mit Textbelegen. Schreibe in dein Heft.

6 Suche die folgenden Fremdwörter in den Texten ZÜ 1 und ZÜ 2 und notiere in der Klammer dahinter die Zeilenzahl. Welche Erläuterung passt dazu? Verbinde.

Kommunalwahlen (_____)   abstreiten

Landtagswahlen (_____)   sich für etwas aussprechen

plädieren (_____)   Wahlen in einem Bundesland

dementieren (_____)   Wahlen in einer Gemeinde oder Stadt

7 Was bedeutet der Ausdruck „demografischer Wandel"? Erkläre in einem Satz.

_____

_____

_____

_____

_____

8 Betrachte das Diagramm auf Seite 52.

a) Um welchen Diagrammtyp handelt es sich? Notiere.

_____

b) Lies die Aussagen zum Diagramm und kreuze an, was zutrifft:

☐ Es handelt sich um eine Befragung aus Deutschland.

☐ Es wurden Bürger/innen aller Alterstufen zu ihrer Meinung befragt.

☐ Die Befragung fand an einer Realschule in Bayern statt.

☐ Als Hauptgrund gegen Wahlen mit 16 wird fehlendes Wissen genannt.

☐ Den Befragten ist es nicht wichtig, mitzubestimmen und die Zukunft mitzu-
gestalten.

9 Von wem stammt die Untersuchung, und in welchem Jahr wurde sie durchgeführt?

_____

10 Welche der Aussagen/Informationen kannst du für die Argumentation nutzen?
Notiere sie in der Tabelle.

Pro Herabsenkung des Wahlalters	Kontra Herabsenkung des Wahlalters

Teil II Planen und Schreiben eines argumentativen Textes

Aufgabenstellung

Verfasse einen Text für die Schülerzeitung. Nimm darin im Rahmen einer Pro- und Kontra-Argumentation Stellung zu der Frage: „Sollte Wählen mit 16 in Deutschland generell eingeführt werden?" Du kannst dabei abschließend entweder dafür oder dagegen plädieren. Beachte Folgendes bei der Ausführung:

- Formuliere eine passende Einleitung, in der auch deutlich wird, warum du schreibst.
- Führe Argumente für und gegen die Herabsenkung des Wahlalters auf 16 Jahre an, belege diese und veranschauliche sie durch passende Beispiele.
- Gestalte den Schluss so, dass deine Meinung und damit deine Empfehlung für die Leserschaft deutlich werden.

1 Reflexion der Aufgabenstellung: Was ist zu tun? Nummeriere die Teilschritte, die für die Bearbeitung nötig sind, in einer sinnvollen Reihenfolge.

	Argumentation schreiben
	Den Schluss verfassen und dabei die eigene Meinung begründen und an die Leser/innen appellieren
	Einen Schreibplan entwerfen
	Pro- und Kontra-Argumente aus dem Text durch eigene ergänzen
	Die Einleitung planen und schreiben
	Belege und Beispiele zu den Argumenten suchen
	Den Hauptteil schreiben
	Den gesamten Text nochmals lesen und überarbeiten

TIPP

Verwende dabei die Argumente aus den Tabellen von Teil I (Aufgabe 4 und 10).

2 Erstelle einen Schreibplan für den Hauptteil. Schreibe in dein Heft.

Gegenposition: _____

1. Stärkstes Argument (+++): _____

Beleg/Beispiel: _____

2. Weniger starkes Argument (++): _____

Beleg/Beispiel: _____

3. Schwächstes Argument (+) _____

Beleg/Beispiel: _____

Meine Position: _____

1. Schwächstes Argument (+): _____

Beleg/Beispiel: _____

2. Weniger starkes Argument (++): _____

Beleg/Beispiel: _____

Stärkstes Argument (+++): _____

Beleg/Beispiel: _____

3 Schreibe anschließend den kompletten Hauptteil in dein Heft.

4 a) Welcher der drei Vorschläge ist deiner Meinung nach am geeignetsten? Begründe deine Meinung.

_____

_____

_____

_____

_____

(1) Hallo ihr Lieben, wie geht's denn so? Ich bin der Meinung, dass Jugendliche wie ich oder ihr auch wählen dürfen sollten. Da sollte sich mal mal was tun! In einem Artikel habe ich was Interessantes darüber gelesen.

(2) Wählen mit 16? So lautet der Titel eines interessanten Zeitungsartikels, den ich gelesen habe. Dort stand, dass in Bremen 2011 schon 16-Jährige an der Bürgerschaftswahl teilnehmen durften. Auch in Österreich ist so etwas schon seit 2007 möglich. Ich möchte euch daher …

(3) Wählen mit 16 – ja oder nein? Junge Menschen wie ich werden heute immer früher erwachsen und übernehmen in der Schule oder in Vereinen Verantwortung. Folgerichtigerweise dürfen sie daher jetzt schon den Führerschein mit 17 machen. Ich habe nun in einem Zeitungsartikel gelesen, dass …

b) Schreibe die von dir gewählte Einleitung weiter.

_____

_____

_____

_____

_____

_____

_____

_____

TIPP

Die Überschrift soll:
> das Thema deutlich machen,
> die Leser/innen neugierig machen,
> in Stil und Sprache der Aufgabenstellung entsprechen.

5 Verfasse nun einen geeigneten Schluss und schreibe ihn in dein Heft.

6 a) Lies noch einmal die Aufgabenstellung auf S. 56. Überarbeite Einleitung, Hauptteil und Schluss.

b) Suche eine passende Überschrift und schreibe anschließend den verbesserten Artikel vollständig in dein Heft.

Sich auf ein Bewerbungsgespräch vorbereiten

Vorbereitung auf ein Bewerbungsgespräch

- **Informiere** dich gut über die angebotene Stelle und das Unternehmen.
- Überlege, was die Arbeitgeberin/den Arbeitgeber **an dir interessieren** könnte.
- Notiere **mögliche Fragen** und deine **Antworten** dazu.
- Notiere **deine eigenen Fragen** zur Ausbildung, zum Unternehmen usw.
- Übe das Bewerbungsgespräch möglichst vorher im **Rollenspiel**.
- Achte beim Gespräch auf deine **Körpersprache, Mimik und Gestik**.

1 Die Auseinandersetzung mit deinen eigenen Fähigkeiten und Stärken gehört
zur Vorbereitung auf ein Bewerbungsgespräch.

a) Markiere in den folgenden Auszügen aus Stellenangeboten in unterschiedlichen
Farben:
– den Ausbildungsplatz, der jeweils angeboten wird.
– die Stärken und Fähigkeiten, die die Bewerber/innen mitbringen sollten.

Wir bieten zum 01.08.2013 **Ausbildungs-
plätze zum/zur Koch/Köchin** in unseren
Hotels einer internationalen Kette mit
vielen Möglichkeiten zur persönlichen
Weiterentwicklung.

Anforderungen:
– eine gute mittlere Reife
– gute Umgangsformen und viel
  Kreativität
– Freude am Umgang mit Lebensmitteln

[...]

Persönliche Stärken:
Teamfähigkeit, Belastbarkeit,
Lernbereitschaft, Kundenorientierung,
Zuverlässigkeit

Zum 01.06.2012 ist eine **Ausbildungsstelle
für den Handwerksberuf Friseur/in** zu
besetzen.

Gewünschte Kenntnisse und Fertigkeiten:
– handwerkliches Geschick
– gepflegtes Äußeres
– freundliches Auftreten
– Flexibilität
– Zuverlässigkeit

[ ]

Persönliche Stärken:
Kundenorientierung, Aufgeschlossenheit,
Auffassungsfähigkeit/-gabe
Sorgfalt/Genauigkeit, Einfühlungsvermögen

**Auszubildende(r) zum/zur
zahnmedizinischen Fachangestellten**

[...]

Sie bringen als grundlegende Basis für
diesen Ausbildungsberuf mit:
– mindestens einen guten Realschul-
  abschluss
– gute Umgangsformen und ein
  gepflegtes Erscheinungsbild
– Kommunikationsstärke und
  Teamfähigkeit
– einen ausgeprägten Sinn für Pünktlichkeit und Zeitmanagement
– Verschwiegenheit und Diskretion
– Belastbarkeit und Wissbegierde

Am Standort Hamburg suchen wir zum
01.08.2013

**Auszubildende zur/zum
Bürokauffrau/-mann**

Interessieren Sie sich für organisatorische
Tätigkeiten und arbeiten Sie gerne im Team?
Haben Sie ein gutes Zahlenverständnis und
sprechen Sie gern Englisch? Wenn Sie dann
noch mindestens befriedigende Noten bei
einem mittleren Bildungsabschluss in den
Fächern Deutsch, Englisch und Mathematik
haben, ist
eine Ausbildung zur Bürokauffrau/zum
Bürokaufmann bei uns das Richtige für Sie.

Persönliche Stärken:
Lernbereitschaft, Flexibilität, Kunden-
orientierung, Kommunikationsfähigkeit,
Zuverlässigkeit

b) Ordne den folgenden Beispielen Stärken und Fähigkeiten, die in den Stellenangeboten genannt werden, zu. Notiere wie im Beispiel.

Marek hört bei Diskussionen in der Klasse gut zu, bleibt sachlich und bezieht die Äußerungen anderer mit ein.

→ *Kommunikationsstärke*

_____

Antonia absolviert ihr Schulpraktikum in einer Bäckerei. Sie ist zu den Kunden freundlich und erfüllt auch Extrawünsche.

_____

In der Projektwoche helfen Sinan und Lea beim Theaterprojekt tatkräftig mit. Als kurz vor der Abschlussvorstellung die Zeit knapp wird, bleiben sie zwei Mal bis spätabends in der Schule.

_____

Celina achtet bei der Gruppenarbeit darauf, dass sich alle an den verabredeten Zeitrahmen halten.

_____

Bei ihrem Praktikum bei einem Tierarzt erfahren Tom und Aynur einiges über die Besitzer/innen der behandelten Tiere. Trotzdem sprechen sie nur miteinander und nicht mit anderen Freunden darüber.

_____

Kian erfährt kurz vor Beginn der Projektwoche, dass er doch nicht bei dem Projekt seiner Wahl mitmachen kann. Er entscheidet sich daraufhin für ein anderes Projekt, das ihn eigentlich gar nicht so interessiert.

_____

Anna verbringt am „Girls' Day" einen Tag in einer Kfz-Werkstatt. Arbeitsabläufe muss man ihr immer nur einmal erklären, dann weiß sie, was zu tun ist.

_____

Nach einem Praktikum in einer Computerfirma interessiert sich David für die neuesten Computertrends und informiert sich regelmäßig darüber.

_____

c) Schreibe auf, über welche der in den Stellenangeboten genannten Fähigkeiten und Stärken du verfügst. Notiere stichwortartig, in welchen Situationen diese deutlich werden.

Meine Fähigkeiten und Stärken _____

_____

_____

_____

_____

HILFE

Kreativität
> finde in Kunst schnell gute Ideen
> habe bei Referat vorgeschlagen, dass …

Teamfähigkeit
> Jana, Leo arbeiten immer gerne mit mir.
> Mich interessiert die Meinung …

2 In Bewerbungsgesprächen wirst du in der Regel auch zu deinen Fähigkeiten und Stärken befragt.

a) Lies die Beispiele. Nur eine Antwort ist angemessen. Kreuze sie an.

A: „Ich bin teamfähig, flexibel und kundenorientiert. Gute Umgangsformen, Sinn für Pünktlichkeit und Sorgfalt sind für mich selbstverständlich." ☐

„Wo liegen Ihre Stärken?"

B: „Wenn etwas Ungeplantes passiert, bleibe ich gelassen. Bei unserer Abschlussfahrt habe ich mit für eine Lösung gesorgt, als unser Zug ersatzlos gestrichen wurde." ☐

C: „In Kunst bin ich supergut. Eigentlich habe ich in keinem Fach Probleme." ☐

D: „Ich weiß das nicht genau und kann das nicht beurteilen." ☐

b) Ordne jeder Antwort eine der folgenden Einschätzungen zu. Notiere den entsprechenden Buchstaben.

In Antwort _____ werden umgangssprachliche Ausdrücke verwendet. Außerdem tritt die Bewerberin/der Bewerber etwas zu forsch auf.

Die Bewerberin/der Bewerber formuliert in Antwort _____ sachlich und wenig umgangssprachlich. Für eine genannte Stärke wird ein Beispiel genannt.

Antwort _____ ist zu bescheiden und zurückhaltend.

In Antwort _____ werden Stärken und Fähigkeiten nur aufgezählt. Sie bleiben ohne Beispiele wenig überzeugend.

c) Schreibe auf, wie du auf die Frage nach deinen Stärken in einem Bewerbungsgespräch antworten würdest. Nutze deine Ergebnisse aus Aufgabe 1b.

_____

_____

_____

_____

_____

_____

HILFE

Meine größten Stärken liegen meiner Meinung nach darin, dass ich ...

Ich denke, dass ich handwerklich ganz geschickt bin. In der Projektwoche habe ich z. B. ...

Wenn mich ein Thema interessiert, will ich meist mehr wissen. Ich denke, dass ich ...

Mir ist Pünktlichkeit wichtig. In der Regel habe ich in der Schule darauf geachtet, dass ...

Bei meinem letzten Praktikum haben mir die Mitarbeiter gesagt, dass ich gut mit den Kunden umgehen kann.

3 Die folgenden Fragen an Bewerber/innen werden häufig in Bewerbungsgesprächen gestellt. Markiere angemessene Antworten, streiche unangemessene. Die folgende Checkliste hilft dir dabei:

Sprache

☐ sachlich formuliert?
☐ Umgangssprache vermieden?
☐ Umgangsformen (Anrede usw.) eingehalten?

Inhalt

☐ passende Beispiele genannt?
☐ selbstbewusst eigene Interessen vertreten?
☐ Anbiedern vermieden?
☐ bei Antworten Interessen des möglichen Arbeitgebers im Blick behalten?

„Welche Schulfächer mögen Sie eigentlich am liebsten?"
„Eigentlich gar keins. Ich bin total froh, dass die Schule bald vorbei ist."

„Was haben Sie in Ihrem Praktikum gelernt?"
„In der Werbeagentur konnte ich einen ganz guten Einblick in die Entwicklung von Werbekampagnen bekommen. Bei kleineren Recherchearbeiten durfte ich mithelfen. Außerdem habe ich gelernt, wie wichtig ein guter Kundenkontakt ist."

„Womit beschäftigen Sie sich in Ihrer Freizeit?"
„Am liebsten gehe ich mit Freunden shoppen. Wir verbringen meist den ganzen Tag zusammen und haben viel Spaß."

„Wo liegen Ihre Schwächen?"
„Manchmal verliere ich bei der Arbeit den Überblick, weil ich viele Ideen auf einmal habe. Da könnte ich manchmal etwas sorgfältiger sein."

„Warum haben Sie sich gerade bei uns beworben?"
„Ihre Homepage hat mich sofort angesprochen. Besonders gefällt mir, dass Sie sich auf Rennräder spezialisiert haben."

4 a) Notiere den Beruf, in dem du eine Ausbildung machen möchtest oder der dich interessiert.

_____

b) Schreibe deine Antworten auf die in Aufgabe 3 gestellten Fragen auf.

_____

_____

_____

_____

_____

c) Welche Fragen könntest du in einem Bewerbungsgespräch für eine Ausbildung in deinem angestrebten Beruf stellen? Notiere sie.

_____

_____

HILFE

Könnten Sie mir sagen, wie die Ausbildung …?

Wann werden Sie entscheiden, welche Bewerber …

Findet der Berufsschulunterricht …?

Ein Formular ausfüllen

> **Ein Formular ausfüllen**
>
> - Mit Hilfe von Formularen können Daten schnell und übersichtlich **erfasst** und **verarbeitet** werden, z. B. in einem Ausbildungsvertrag.
> - Informationen werden **knapp und genau** in passenden **Stichworten** ergänzt.

1 Zu Beginn einer Ausbildung schließt du als Auszubildender einen Vertrag mit einem Ausbildenden. Der Ausbildungsvertrag stellt den rechtlichen Rahmen für deine Ausbildung dar.

Jeder Ausbildungsvertrag enthält in der Regel ein Deckblatt, auf dem alles Wichtige zur Ausbildung festgehalten wird.

Stell dir vor, du hast einen Ausbildungsplatz zur Bürokauffrau/zum Bürokaufmann bekommen. Ergänze die fehlenden Angaben auf dem Deckblatt.

TIPP

Informiere dich über die genaue Bezeichnung deines Ausbildungsberufes (z. B. http://jobboerse. arbeitsagentur.de/).

Übernimm genau die Formulierung und ggf. Zusätze, z. B.:
Ausbildung zum Industriemechaniker (m/w)
Schwerpunkt: Maschinen- und Systemtechnik.

HILFE

So gibst du z. B. die Staatsangehörigkeit an, z. B. deutsch, türkisch.

HK Handelskammer **Hamburg**

Eintragung
in das Verzeichnis der Berufsausbildungsverhältnisse zum nachfolgenden Berufsausbildungsvertrag

Zwischen dem Ausbildenden (Ausbildungsbetrieb)

Name und Anschrift   Mitgliedsnummer: _____

Telefon-Nr.
Fax-Nr.

Ausbilder:
Name
Vorname

wird nachstehender Vertrag zur Ausbildung im Ausbildungsberuf

mit der Fachrichtung/dem Schwerpunkt

nach Maßgabe der Ausbildungsordnung geschlossen.

Datenfeld Handelskammer Hamburg

_____
Ausbildungsberatung

_____
Datenerfassung

(Seite A-1 von A-2 zum nachfolgenden Berufsausbildungsvertrag)

und der/dem Auszubildenden   männlich ☐   weiblich ☐

Name, Vorname

Straße, Haus-Nr.

PLZ   Ort

Geburtsdatum   Geburtsort   Telefon

Staatsangehörigkeit   Gesetzl.   Eltern Vater Mutter Vormund
                      Vertreter ☐   ☐   ☐   ☐
Namen, Vornamen der gesetzlichen Vertreter

Straße, Hausnummer

PLZ   Ort

2 a) Bei den weiteren Vereinbarungen auf dem Deckblatt wurden Angaben zur Ausbildung einer Bürokauffrau/eines Bürokaufmanns eingetragen. Markiere die folgenden Begriffe im Text und kreuze die jeweils zutreffende Umschreibung an.

vorbehaltlich der Regelungen (Abschnitt ____)
- ☐ trotz der Regelungen
- ☐ wegen der Regelungen
- ☐ in Abhängigkeit von den Regelungen

die Vergütung (Abschnitt ____): ☐ der Lohn   ☐ die Urlaubszeit   ☐ die Freizeit

gewähren (Abschnitt ____): ☐ erlauben   ☐ zugestehen   ☐ vermitteln

---

| Die sachliche und zeitliche Gliederung ☐ ist beigefügt ☐ liegt der Handelskammer in der firmenspezifischen Form mit Stand ____ vor. |

Zahl der im Jahresdurchschnitt Beschäftigten in Hamburg

Zahl der z.Zt. im Ausbildungsberuf beschäftigten Fachkräfte

Zahl der z.Zt. eingetragenen **Ausbildungsverhältnisse und Umschulungsverhältnisse** im Ausbildungsberuf.

Vom Auszubildenden zuletzt besuchte
Schulart   Schulabschluss

Für den Ausbildungsberuf zuständige Berufsschule

A Die Ausbildungsdauer beträgt nach der Ausbildungsordnung **3** Jahre. Vorausgegangen ist eine Vorbildung/Ausbildung:

Sie soll auf die Ausbildungszeit mit ____ Monaten angerechnet werden. Es wird eine entsprechende Abkürzung beantragt.
Das Berufsausbildungsverhältnis (TT.MM.JJJJ):
beginnt am **01.08.12** und soll am **31.07.15** enden.

B Die Probezeit beträgt **4** Monate. Sie muss mindestens 1 Monat und darf höchstens 4 Monate betragen.

C Die Ausbildung findet vorbehaltlich der Regelungen nach **D** in
Hamburg
und den mit dem Betriebssitz für die Ausbildung üblicherweise zusammenhängenden Bau-, Montage- und sonstigen Arbeitsstellen statt.

D Ausbildungsmaßnahmen (mit Zeitraumangabe und Ort) außerhalb der Ausbildungsstätte

E Der Ausbildende zahlt dem Auszubildenden eine angemessene Vergütung; diese beträgt zur Zeit monatlich brutto €:

650	750	850	
im ersten	im zweiten	im dritten	im vierten

Ausbildungsjahr.

F Die regelmäßige **tägliche** Ausbildungszeit beträgt pro **X** Werktag ☐ Arbeitstag **8** Std.

G Der Ausbildende gewährt dem Auszubildenden Urlaub nach den geltenden Bestimmungen. Es besteht folgender Urlaubsanspruch:

im Jahr...	2012	2013	2014	2015	2016
Werktage	12	24	24	12	
Arbeitstage					

H Sonstige Vereinbarungen: Die für diesen Vertrag geltenden Tarifverträge und Betriebsvereinbarungen sind in der Anlage verzeichnet.

Der Antrag auf Eintragung gemäß der Seiten A-1 **und** A-2 wird gestellt. Die Richtigkeit und Vollständigkeit der gemachten Angaben wird bestätigt. Der Ausbildungsbetrieb bittet um Übermittlung der Ergebnisse der Zwischen- und Abschlussprüfung des Auszubildenden gemäß § 37 Satz 2 BBiG (soweit hieran kein Interesse des Ausbildungsbetriebes besteht, bitte streichen).

Hamburg, *15.07.12*
Ort/Datum

Peter Schmidt
Stempel und Unterschrift des Ausbildenden

---

b) Stimmen die folgenden Aussagen zu den Vereinbarungen auf dem Deckblatt? Kreuze an.

	Richtig	Falsch
Der Lohn, den die/der Auszubildende erhält, wird von Jahr zu Jahr erhöht.	☐	☐
Zu einer Bürokauffrau/zu einem Bürokaufmann wird man in vier Jahren ausgebildet.	☐	☐
Bei dieser Ausbildung gibt es keine Probezeit.	☐	☐
Die/der Auszubildende hat pro Jahr Anspruch auf 24 Werktage Urlaub.	☐	☐
Der/die Auszubildende arbeitet mehr als zehn Stunden pro Werktag.	☐	☐

c) Schreibe die falschen Aussagen korrigiert in dein Heft.

Einen Vertragstext lesen

Einen Vertragstext erschließen

Vertragstexte sind Sachtexte. In Vertragstexten werden **fachsprachliche Wörter und Wendungen, Nominalisierungen** und **komplexe Sätze** verwendet.
Es ist wichtig, Vertragstexte genau zu verstehen.
- Nimm dir **Zeit zum Lesen**. Überlege nach jedem Abschnitt: *Was wurde hier gesagt?*
- Unterstreiche **Begriffe**, die du nicht verstehst. Schlage sie in einem Wörterbuch nach und notiere die Bedeutung am Rand.
- Teile **lange Sätze** in Sinneinheiten ein.
- Markiere **Schlüsselwörter** und **Informationen**, die für dich von Bedeutung sind.

1 Wenn du im Internet etwas bestellen möchtest, fordert dich der Anbieter auf, die AGB – die Allgemeinen Geschäftsbedingungen – zu akzeptieren. Darin sind die Bedingungen zusammengestellt, die eine Vertragspartei (z. B. der Anbieter) der anderen (z. B. der Kundin/dem Kunden) bei Abschluss eines Vertrages stellt.

a) Überfliege die folgenden Auszüge aus den AGB einer Firma, die im Internet Kleidung und Schuhe verkauft. Welche Fragen werden in den Auszügen beantwortet? Notiere sie.

_____

_____

_____

_____

_____

b) Lies die Auszüge noch einmal genau. Unterstreiche Wörter, die du nicht verstehst.

[...]
Teil (B) – Bestellung von *Miropa*-Artikeln

1. Vertragspartner
Bei der Bestellung von *Miropa*-Artikeln ist Ihr ausschließlicher Vertragspartner die *Miropa*-GmbH, Hauptstraße 122, 12345 Berlin. [...]

2. Preise und Versandkosten
5 Es gelten die zum Zeitpunkt der Bestellung im Angebot aufgeführten Preise. Die angegebenen Preise sind Endpreise, das heißt, sie beinhalten die jeweils gültige deutsche gesetzliche Mehrwertsteuer und sonstige Preisbestandteile. Die Versandkosten übernehmen wir für Sie.

10 **3.** _____

3.1 Grundsätzlich bieten wir die Zahlarten Vorkasse, Kreditkarte, Rechnung und PayPal* an. Wir behalten uns bei jeder Bestellung vor, bestimmte Zahlarten nicht anzubieten und auf andere Zahlarten zu verweisen.

PayPal: Online-Bezahlsystem

3.2 Im Falle des Kaufs auf Kreditkarte erfolgt die Belastung Ihres Kreditkarten-
15 kontos mit Versendung der Bestellung.
[...]

3.4 Der Kaufpreis wird bei Kauf auf Rechnung am Tag des Eingangs der Lieferung beim Kunden zur Zahlung fällig. Erfolgt die Zahlung nicht binnen 14 Tagen nach Fälligkeitseintritt, gerät der Kunde in Verzug.

3.5 Ware, die im Online-Shop als „lieferbar" gekennzeichnet ist, wird unverzüglich nach Eingang der Bestellung und gegebenenfalls nach eingegangener Vorkasse grundsätzlich innerhalb von maximal fünf Werktagen geliefert. Auf eventuell abweichende Lieferzeiten weisen wir auf der jeweiligen Produktseite hin. […]

4. _____

[…]

4.1 Widerrufsbelehrung:
Sie können Ihre Vertragserklärung innerhalb von 14 Tagen ohne Angabe von Gründen in Textform (z.B. Brief, Fax, E-Mail) oder – wenn Ihnen die Sache vor Fristablauf überlassen wird – auch durch Rücksendung der Sache widerrufen. Die Frist beginnt nach Erhalt dieser Belehrung in Textform, jedoch nicht vor Eingang der Ware beim Empfänger (bei wiederkehrenden Lieferungen gleichartiger Waren nicht vor Eingang der ersten Teillieferung) und auch nicht vor Erfüllung unserer Informationspflichten […]. Zur Wahrung der Widerrufsfrist genügt die rechtzeitige Absendung des Widerrufs oder der Sache.
[…]

Im Falle eines wirksamen Widerrufs sind die beiderseits empfangenen Leistungen zurückzugewähren und ggf. gezogene Nutzungen (z.B. Zinsen) herauszugeben. Können Sie uns die empfangene Leistung sowie Nutzungen (z.B. Gebrauchsvorteile) nicht oder teilweise nicht oder nur in verschlechtertem Zustand zurückgewähren beziehungsweise herausgeben, müssen Sie uns insoweit Wertersatz leisten. Für die Verschlechterung der Sache und für gezogene Nutzungen müssen Sie Wertersatz nur leisten, soweit die Nutzungen oder die Verschlechterung auf einen Umgang mit der Sache zurückzuführen ist, der über die Prüfung der Eigenschaften und der Funktionsweise hinausgeht. Unter „Prüfung der Eigenschaften und der Funktionsweise" versteht man das Testen und Ausprobieren der jeweiligen Ware, wie es etwa im Ladengeschäft möglich und üblich ist. Paketversandfähige Sachen sind auf unsere Kosten und Gefahr zurückzusenden. Nicht paketversandfähige Sachen werden bei Ihnen abgeholt. Verpflichtungen zur Erstattung von Zahlungen müssen innerhalb von 30 Tagen erfüllt werden. Die Frist beginnt für Sie mit der Absendung Ihrer Widerrufserklärung oder der Sache, für uns mit deren Empfang.
Ende der Widerrufsbelehrung

4.2 Die Rückzahlung erfolgt, sofern Sie uns keine andere Kontoverbindung mitteilen, stets auf das von Ihnen zur Zahlung verwendete Konto.

5. Freiwilliges Rückgaberecht beim Kauf von *Miropa*-Artikeln

5.1 _____

Für alle Einkäufe von *Miropa*-Artikeln gewähren wir Ihnen neben dem gesetzlichen
60 Widerrufsrecht ein freiwilliges Rückgaberecht von insgesamt 100 Tagen ab
Warenerhalt. Mit diesem Rückgaberecht können Sie sich auch nach Ablauf der
14-tägigen Widerrufsfrist (siehe Widerrufsbelehrung oben) vom Vertrag lösen,
indem Sie die Ware innerhalb von hundert Tagen nach deren Erhalt (Fristbeginn
am Tag nach Warenerhalt) an uns […] zurücksenden. Die rechtzeitige Absendung
65 reicht zur Fristwahrung aus. Voraussetzung für die Ausübung des freiwilligen
Rückgaberechts ist jedoch, dass Sie die Ware lediglich zur Anprobe, wie in einem
Ladengeschäft, getragen/ausprobiert haben und die Ware vollständig, in ihrem
ursprünglichen Zustand, unversehrt und ohne Beschädigung in der Original-
verkaufspackung zurückzuschicken. […]

70 **5.3** Ihr gesetzliches Widerrufsrecht wird von der Einhaltung unserer Regeln zum
ergänzenden vertraglich eingeräumten (freiwilligen) Rückgaberecht nicht berührt
und bleibt unabhängig hiervon bestehen. Bis zum Ablauf der Frist für das
gesetzliche Widerrufsrecht gelten ausschließlich die dort aufgeführten gesetzlichen Bedingungen. Das vertraglich eingeräumte (freiwillige) Rückgaberecht
75 beschränkt zudem nicht Ihre gesetzlichen Gewährleistungsrechte, die Ihnen
uneingeschränkt erhalten bleiben.

6. _____

Bis zur vollständigen Zahlung bleibt die Ware unser Eigentum.
[…]

c) Kläre die Bedeutung der Wörter, die du unterstrichen hast, mit Hilfe eines Wörterbuches. Notiere ihre Bedeutung am Rand.

2 Bei einigen Absätzen fehlen Zwischenüberschriften. Wähle aus dem Kasten aus und
notiere sie an der passenden Stelle im Text.

> *Freiwilliges Rückgaberecht bis zu hundert Tage nach Warenerhalt – Zahlung, Liefer-*
> *zeiten, Lieferpartner – Widerrufsrecht – Eigentumsvorbehalt – Widerrufsfolgen*

3 Lies die folgenden Aussagen zu den AGB von *Miropa*.
Ergänze die Zeilenangabe der Textstelle, in der die jeweilige Aussage gemacht wird.

Aussagen zu den Allgemeinen Geschäftsbedingungen	Zeilen
Du kannst deine Vertragserklärung in schriftlicher Form innerhalb von zwei Wochen widerrufen. Dafür musst du keine Gründe angeben.	
Wertersatz musst du nur dann leisten, wenn die Verschlechterung einer Ware nicht beim Testen und Ausprobieren entstanden ist.	
Neben dem gesetzlichen Widerrufsrecht räumt *Miropa* dir das freiwillige Rückgaberecht ein. Dieses gilt hundert Tage ab Erhalt der Ware.	
Du gerätst mit der Zahlung in Rückstand, wenn du die Ware nicht innerhalb von zwei Wochen bezahlst.	
Kannst du eine erhaltene Ware nicht, nur teilweise oder in einem verschlechterten Zustand zurückgeben, musst du Wertersatz leisten.	
Du hältst die Frist des freiwilligen Rückgaberechts ein, wenn du die Ware innerhalb von 100 Tagen zurückschickst.	
Du hältst die Widerrufsfrist ein, wenn du den Widerruf oder die erhaltene Ware innerhalb von zwei Wochen an *Miropa* zurückschickst.	

4 a) Wie lauten deine Rechte? Was sind deine Pflichten? Markiere passende Stichworte in den AGB in verschiedenen Farben.

b) Übertrage die Tabelle in dein Heft und ergänze deine Rechte und Pflichten wie im Beispiel in ganzen Sätzen.

Ich kann ...	Ich muss ...
... per Vorkasse, Kreditkarte, Rechnung und PayPal zahlen.	... innerhalb von 14 Tagen nach Erhalt der Ware zahlen.

5 Kreuze jeweils die richtige Antwort an und belege sie mit einer Textstelle in den AGB.

A Leon hat bei *Miropa* ein Paar Turnschuhe gekauft. Als er die Schuhe erhält, gefallen sie ihm nicht mehr und er möchte sie gerne zurückgeben.
Dafür kann er die Vertragserklärung ...

... innerhalb von einer Woche widerrufen. ☐ (Z.___ – ___)
... nicht widerrufen, weil dafür ein schwerwiegender Grund vorliegen muss. ☐ (Z.___ – ___)
... innerhalb von zwei Wochen widerrufen, ohne dies begründen zu müssen. ☐ (Z.___ – ___)

B Celina hat sich im Sommer eine warme Jacke bei *Miropa* bestellt, die sie nach Erhalt nicht auspackt und sofort in den Schrank hängt. Als sie die Jacke im Winter, vier Monate später, anprobiert, stellt sie fest, dass sie ihr zu klein ist.
Celina kann vom freiwilligen Rückgaberecht ...

... Gebrauch machen und die Jacke zurückschicken, weil sie diese noch gar nicht ausgepackt hat. ☐ (Z.___ – ___)
... keinen Gebrauch machen, weil die Frist von hundert Tagen abgelaufen ist. ☐ (Z.___ – ___)
... Gebrauch machen, weil *Miropa* jede Ware zurücknehmen muss, wenn die Größe nicht stimmt. ☐ (Z.___ – ___)

C Aylin hat bei *Miropa* eine Jeans bestellt und möchte diese auf Rechnung bezahlen. Sie erhält die Ware und muss diese ...

... nun innerhalb von zwei Wochen bezahlen. ☐ (Z.___ – ___)

... sofort bezahlen. ☐ (Z.___ – ___)

... innerhalb von hundert Tagen bezahlen. ☐ (Z.___ – ___)

D Marek hat sich bei *Miropa* eine Regenjacke gekauft. Als er diese erhält und anprobiert, geht der Reißverschluss kaputt. Marek widerruft sofort schriftlich und schickt die Jacke an die Firma zurück. Diese kann ...

... von Marek einen Wertersatz verlangen, weil er die Jacke kaputt gemacht hat. ☐ (Z.___ – ___)
... trotzdem den vollen Kaufpreis verlangen, weil Marek die Jacke kaputt gemacht hat. ☐ (Z.___ – ___)
... von Marek keinen Wertersatz verlangen, weil die Jacke bei einer Anprobe-Situation beschädigt worden ist. ☐ (Z.___ – ___)

Eine politische Rede untersuchen

Nachdenken über Sprache: Wortarten

Eine Rede analysieren

Beachte folgende Aspekte bei der Analyse einer Rede:
- **Redesituation:** Wer hält die Rede? Aus welchem Anlass, wo und für wen wird die Rede gehalten?
- **Inhalt:** Was ist das Thema und was die Hauptaussage?
- **Argumentation:** Welche zentralen Thesen werden vertreten? Werden sie durch Argumente belegt und diese durch Belege/Beispiele gestützt?
- **Rhetorische Mittel:**
  Welche rhetorischen Mittel werden eingesetzt und welche Funktion haben sie?
  Beispiele:
  – wiederholte und direkte Ansprache des Publikums
  – Betonung des „Wir" durch Pronomen *(wir, uns …)*
  – Schlagwörter mit positiven oder negativen Konnotationen
  – bildhafte Sprache (Vergleiche, Metaphern …)
  – Alliteration *(Land und Leute …)*
  – Anapher *(Wir feiern heute. Wir feiern bewusst. Wir …)*
  – rhetorische Fragen *(Aber ist das wirklich so? …)*
  – Aufruf oder Appell *(Lassen Sie uns gemeinsam …)*
- **Intention:** Welche Wirkung soll die Rede erzielen?

---

1 Lies das Ende der Rede von Richard von Weizsäcker.

Wer vor der Vergangenheit die Augen verschließt, wird blind für die Gegenwart!

Wir Deutschen sind ein Volk und eine Nation. Wir fühlen uns zusammengehörig, weil wir dieselbe Geschichte durchlebt haben.

Auch den 8. Mai 1945 haben wir als gemeinsames Schicksal unseres Volkes erlebt, das uns eint. Wir fühlen uns zusammengehörig in unserem Willen zum Frieden.

5 Von deutschem Boden in beiden Staaten sollen Frieden und gute Nachbarschaft mit allen Ländern ausgehen. Auch andere sollen ihn nicht zur Gefahr für den Frieden werden lassen.

Die Menschen in Deutschland wollen gemeinsam einen Frieden, der Gerechtigkeit und Menschenrechte für alle Völker einschließt, auch für uns das unsrige.

10 Nicht ein Europa der Mauern kann sich über Grenzen hinweg versöhnen, sondern ein Kontinent, der seinen Grenzen das Trennende nimmt. Gerade daran mahnt uns das Ende des Zweiten Weltkrieges.

Wir haben die Zuversicht, dass der 8. Mai nicht das letzte Datum unserer Geschichte bleibt, das für alle Deutschen verbindlich ist. Manche jungen Männer

15 haben sich und uns in den letzten Monaten gefragt, warum es vierzig Jahre nach Ende des Krieges zu so lebhaften Auseinandersetzungen über die Vergangenheit gekommen ist. Warum lebhafter als nach fünfundzwanzig oder dreißig Jahren? Worin liegt die innere Notwendigkeit dafür?

Es ist nicht leicht, solche Fragen zu beantworten. Aber wir sollten die Gründe dafür

20 nicht vornehmlich in äußeren Einflüssen suchen, obwohl es diese zweifellos auch gegeben hat.

Vierzig Jahre spielen in der Zeitspanne von Menschenleben und Völkerschicksalen eine große Rolle.

Auch hier erlauben Sie mir noch einmal einen Blick auf das Alte Testament, das

25 für jeden Menschen unabhängig von seinem Glauben tiefe Einsichten aufbewahrt. Dort spielen vierzig Jahre eine häufig wiederkehrende, eine wesentliche Rolle. Vierzig Jahre sollte Israel in der Wüste bleiben, bevor der neue Abschnitt in der Geschichte mit dem Einzug ins verheißene Land begann.

INFO

Richard Karl Freiherr von Weizsäcker (geb. 1920), CDU. Er war von 1981 bis 1984 Regierender Bürgermeister von Berlin und von 1984 bis 1994 der sechste Bundespräsident der Bundesrepublik Deutschland. Dieser Auszug stammt aus seiner Ansprache im Plenarsaal des Deutschen Bundestages in Bonn zum 40. Jahrestag der Beendigung des Zweiten Weltkrieges am 8. Mai 1985.

Vierzig Jahre waren notwendig für einen vollständigen Wechsel der damals
30 verantwortlichen Vätergeneration.
An anderer Stelle aber (Buch der Richter) wird aufgezeichnet, wie oft die
Erinnerung an erfahrene Hilfe und Rettung nur vierzig Jahre dauerte. Wenn die
Erinnerung abriss, war die Ruhe zu Ende.
So bedeuten vierzig Jahre stets einen großen Einschnitt. Sie wirken sich aus im
35 Bewusstsein der Menschen, sei es als Ende einer dunklen Zeit mit der Zuversicht
auf eine neue und gute Zukunft, sei es als Gefahr des Vergessens und als Warnung
vor den Folgen. Über beides lohnt es sich nachzudenken.
Bei uns ist eine neue Generation in die politische Verantwortung hereinge-
wachsen. Die Jungen sind nicht verantwortlich für das, was damals geschah. Aber
40 sie sind verantwortlich für das, was in der Geschichte daraus wird.
Wir Älteren schulden der Jugend nicht die Erfüllung von Träumen, sondern
Aufrichtigkeit. Wir müssen den Jüngeren helfen zu verstehen, warum es lebens-
wichtig ist, die Erinnerung wachzuhalten. Wir wollen ihnen helfen, sich auf die
geschichtliche Wahrheit nüchtern und ohne Einseitigkeit einzulassen, ohne Flucht
45 in utopische Heilslehren, aber auch ohne moralische Überheblichkeit.
Wir lernen aus unserer eigenen Geschichte, wozu der Mensch fähig ist. Deshalb
dürfen wir uns nicht einbilden, wir seien nun als Menschen anders und besser
geworden.
Es gibt keine endgültig errungene moralische Vollkommenheit – für niemanden
50 und kein Land! Wir haben als Menschen gelernt, wir bleiben als Menschen
gefährdet. Aber wir haben die Kraft, Gefährdungen immer von Neuem zu
überwinden.
Hitler hat stets damit gearbeitet, Vorurteile, Feindschaften und Hass zu schüren.
Die Bitte an die jungen Menschen lautet:
55 Lassen Sie sich nicht hineintreiben in Feindschaft und Hass
gegen andere Menschen,
gegen Russen oder Amerikaner,
gegen Juden oder Türken,
gegen Alternative oder Konservative,
60 gegen Schwarz oder Weiß.
Lernen Sie, miteinander zu leben, nicht gegeneinander.
Lassen Sie auch uns als demokratisch gewählte Politiker dies immer wieder
beherzigen und ein Beispiel geben.
Ehren wir die Freiheit.
65 Arbeiten wir für den Frieden.
Halten wir uns an das Recht.
Dienen wir unseren inneren Maßstäben der Gerechtigkeit.
Schauen wir am heutigen 8. Mai, so gut wir es können, der Wahrheit ins Auge.

2 Notiere deinen ersten Leseeindruck in Stichworten.

_____

_____

3 Notiere Stichworte zu folgenden Fragen über die Redesituation:

Wann? _____

Wer? _____

An wen? _____

Aus welchem Anlass? _____

4 Bestimme die wichtigsten Themen des Textes.

  a) Markiere dazu in jedem Absatz die wichtigsten Stichworte.

  b) Was sind die Hauptaussagen der Rede? Notiere Stichworte.

  _____

  _____

  c) Welches sind die zentralen Argumente Richard von Weizsäckers? Notiere Stichworte.

  _____

  _____

  _____

  _____

5 „Die Jungen sind nicht verantwortlich für das, was damals geschah. Aber sie sind verantwortlich für das, was in der Geschichte daraus wird". (Z. 39 f.) Wovon will Richard von Weizsäcker die junge Generation überzeugen? Formuliere mindestens einen Satz.

  _____

  _____

  _____

6 Richard von Weizsäcker verwendet in seiner Rede mehrere rhetorische Mittel. Untersuche die Textstellen Zeile 1–4, 22–30 und 49–68. Welche rhetorischen Mittel enthalten sie? Ergänze die Tabelle.

Rhetorische Mittel	Textstelle	Funktion/Wirkung
Verwendung des Pronomens „Wir"	Zeile 1–4	Betonen/Wecken eines Gefühls der Zusammengehörigkeit
Verwendung einer Anapher		

Mehrdeutigkeit und Ironie

1 Lies die Werbesprüche auf den Müllfahrzeugen der Stadt Flensburg.

Sie können mir folgen. Die Luft ist rein ... Rußpartikelfilter serienmäßig	Je mehr wir über Schadstoffausstoß nachdenken, desto weniger kommt dabei heraus. Rußpartikelfilter serienmäßig

2 a) Unterstreiche die mehrdeutigen Aussagen in den Werbesprüchen.

  b) Welche zwei Bedeutungen haben die Aussagen? Notiere Stichworte.

_____

_____

_____

_____

3 Notiere weitere Beispiele für Aussagen mit mehreren Bedeutungen.

_____

_____

_____

_____

4 Lies den Cartoon. Worin besteht die Ironie? Notiere mit eigenen Worten.

_____

_____

_____

Nomen und Pronomen verwenden

1 Markiere alle Nominalisierungen und ihre Begleitwörter im Text.

kommerzialisieren:
etwas den rein geschäftlichen Interessen unterordnen, sodass es wirtschaftlichen Gewinn bringt

Der Jugendalltag ist kommerzialisiert*

Bis in die 1960er-Jahre sind es nur einzelne Objekte, die von Jugendlichen gekauft werden (Kofferradio, Fahrrad) und zum Jugendalltag gehören. Jugendtypische Kleidung, die sich in der Öffentlichkeit bemerkbar macht, gibt es erst in den Nach-68ern. In den 1980er-Jahren existiert bereits ein komplettes Set, das aus
5 jugendkulturellen Objekten (Walkman, Schuhe, Markenkleidung etc.) besteht. Inzwischen gibt es eine Abmilderung des Trends hin zu Markenprodukten. Allerdings ist die Kommerzialisierung des Jugendalltags ungebrochen. Heutzutage organisieren zum Beispiel rund 90 % der Jugendlichen ihre Verabredungen per Handy. Damit ist ein zentrales Handlungsfeld des Jugendalltags, nämlich der
10 Austausch untereinander, „geldpflichtig" geworden.
Die Mittel für ihre Ausgaben verdienen immer mehr Jugendliche mit Nebenjobs. Ein Drittel aller Jugendlichen ab der 9. Jahrgangsstufe sorgt so für eine Aufbesserung seines Konsumbudgets*. Der Nebenjob ermöglicht vor allem ein eigenes Budget im „Jetzt" der Jugendlichen: Jobs sind für sie der „Schlüssel zur
15 Konsumwelt". Sie bedeuten Anerkennung in der Erwachsenenwelt, Selbstbestimmung, Spaß und Geld. Der selbst finanzierte Konsum spielt für die Identität des Jugendlichen eine wichtige Rolle: Er steht für Ablösung vom familiären Konsum und zunehmende Selbstbestimmung. Jugendliche sehen den Job aber nicht nur als Geldquelle, sie sehen ihn auch als eine Chance des Kompetenz-
20 erwerbs in der Erwachsenenwelt.

das Budget:
die Geldmenge, die zur Verfügung steht

2 Forme die Nominalisierungen in ihre ursprüngliche Wortart um und bilde neue Sätze. Schreibe in dein Heft.

Inzwischen ist der Trend hin zu Markenprodukten abgemildert. Allerdings wird der Jugendalltag ungebrochen kommerzialisiert.

3 Unterstreiche alle Personal-, Possessiv- und Relativpronomen mit verschiedenen Farben.

4 Schreibe alle Nomen mit begleitenden Adjektiven heraus. Schreibe in dein Heft.

Mit Verben umgehen

> ### Verben
> Das **Verb** gibt an, was jemand tut *(er bezahlt)* oder was geschieht *(es klingelt)*. Wenn man ein Verb im Satz verwendet, bildet man aus dem Infinitiv (Grundform) die Personalform, z.B.: *entscheiden* (Infinitiv) → *ich entscheide* (1. Person Plural).

1 Lies den folgenden Text.

Nicht-Konsum ist keine Option

Über Konsum wird vor allem angezeigt, was richtig und was unpassend ist. Es ist also nicht nur so, dass immer mehr Bereiche des Jugendalltags geldpflichtig werden. Ob die Jugendlichen integriert werden können oder ausgeschlossen werden sollen, entscheidet also auch der Konsum. Früher wurde in Regeln und
5 Vorschriften gefasst, „was man tut" und was als „passend"/„unpassend" galt. Dies wird nun an den Markt delegiert*. Im Konsum zeigt sich, ob die Person *in* oder *out* ist und ob sie weiß, was als *no go* gilt.

delegieren:
eine Aufgabe
übertragen

2 Sätze, bei denen der Handelnde nicht genannt wird, stehen im Passiv. In Passivsätzen ist das Ereignis wichtiger als der Handelnde. Es wird durch die Passivform betont.

a) Unterstreiche die vier Passivsätze des Textes. Einer der Sätze enthält zwei Passivformen mit Modalverben. Markiere die Modalverben.

b) Formuliere die Passivsätze in Aktivsätze um. Nutze dabei diese Handelnden: Jugendliche, ihre Peers*, die Gesellschaft, Menschen. Behalte die Zeitform bei. Schreibe in dein Heft.

Peers:
Gruppe von
Gleichaltrigen oder
Gleichgestellten

3 Ergänze im folgenden Text die Verben in Klammern in der richtigen Zeitform.

a) Markiere zunächst die Hinweise auf die richtige Zeitstufe im Satz.

b) Schreibe die Sätze in dein Heft. Notiere die richtige Zeitform hinter jedem Satz.

Noch nie _____ Kinder und Jugendliche in Deutschland so viel Geld (haben).

Die Kaufkraft der Jugendlichen _____ in den letzten Jahrzehnten kontinuierlich

_____ (zunehmen). So _____ junge Menschen zwischen 15 und

20 Jahren heute über die stolze Summe von 17,7 Mrd. Euro (verfügen). Und diese

Summe _____ ihnen jährlich zur Verfügung (stehen)! Auch in den kommenden

Jahren _____ Jugendliche eine beliebte Zielgruppe für Marketing und

Werbung _____ (bleiben).

4 a) Unterstreiche die Konjunktivformen im folgenden Text.

b) Formuliere den Text in direkte Rede um. Schreibe in dein Heft.

Manche Erwachsene denken, junge Menschen gingen häufig nicht verantwortungsvoll mit Geld um. Sie meinen, Jugendliche konsumierten zu viel und dächten nur an ihr Vergnügen, ohne sich wirklich Gedanken zu machen. Es sei jedoch wichtig, über das eigene Konsumverhalten nachzudenken.

Satzglieder

Satzglieder

Wörter oder Wortgruppen im Satz, die bei der Umstellprobe immer zusammenbleiben, sind Satzglieder.

Das **Prädikat** wird mit den Fragen „*Was tut/tun ...?*" oder „*Was geschieht?*" erfragt.

Das **Subjekt** wird mit **Wer?** oder **Was?** erfragt. Es steht im Nominativ.

Das **Dativ-Objekt** erfragt man mit **Wem?**, das **Akkusativ-Objekt** mit **Wen?** oder **Was?**.

Das **Präpositionalobjekt** erfragt man mit Präpositionen: „*Nach wem ...?*", „*Auf was ...?*"

Mit **adverbialen Bestimmungen** macht man nähere Angaben zu einem Geschehen. Es gibt adverbiale Bestimmungen **der Zeit** (*Wann?*), **des Ortes** (*Wo?*), **der Art und Weise** (*Wie? Womit?*), **des Grundes** (*Warum?, Weshalb?*).

Attribute sind Teile eines Satzglieds und stehen vor oder hinter Bezugswörtern. Man erfragt sie mit *Was für ein/e ...?*.

Strategien zur Einflussnahme von Supermärkten auf das Kaufverhalten

Super- und Discountmärkte wenden eine Vielzahl von psychologischen Tricks an, um das Kaufverhalten ihrer Kunden zu beeinflussen. Es gibt große Einkaufswagen, damit die Kunden das Gefühl haben, sie müssten diese füllen. Die Waren werden beleuchtet, der Kunde hört schöne Musik und riecht oft auch angenehme Gerüche. Teure Produkte stehen stets in Griffhöhe, damit man zuerst danach greift. Neben Produkten zu Sonderpreisen werden Produkte zu Normalpreisen angeboten. An der Kasse werden stets Süßwaren angeboten.

1 Erfrage und bestimme die markierten Satzglieder des Textes.

Wer oder was wendet eine Vielzahl von psychologischen Tricks an, um das Kaufver-

halten der Kunden zu beeinflussen? →

_____

_____

_____

_____

2 Stelle die Satzglieder dieses Satzes um. Schreibe vier verschiedene Möglichkeiten auf.

Durch eine gelungene Verkaufsraumgestaltung werden heutzutage selbst unauffällige oder uninteressante Produkte attraktiv dargeboten.

3 Bestimme im folgenden Satz die Satzglieder. Übertrage die Tabelle in dein Heft.

In der Vergangenheit wurden Düfte oder Gerüche kaum gezielt in den Verkaufsräumen eingesetzt.

Satzglied	Bezeichnung des Satzgliedes
In der Vergangenheit	adverbiale Bestimmung der Zeit

Satzreihen und Satzgefüge

1 Lies den folgenden Text. Setze die fehlenden Kommas.

Einkaufen im Internet

Das Internet ermöglicht es viele Anbieter und Produkte in kürzester Zeit miteinander zu vergleichen wobei aber auch hier der Preis natürlich eine wichtige Rolle spielt. Wenn Kunden online einkaufen zeigen sie tendenziell ein vernünftigeres Einkaufsverhalten als beim physischen Einkauf
5 im Einkaufszentrum. Sie werden natürlich auch im Internet gezielt beeinflusst indem ihre Emotionen geweckt werden. Die Farbgestaltung und auch das allgemeine Design der Seite spielen eine wesentliche Rolle sogar ein „menschlicher" Einkaufs- und Produktassistent kann die Kunden beeinflussen. Weitere Einflussmöglichkeiten
10 sind außerdem Produktempfehlungen von bisherigen Kunden und auch Videos die die Produkte präsentieren wenn die Kunden diese Einflüsse als positive Reize wahrnehmen.

2 Unterstreiche die Haupt- und Nebensätze des Textes verschiedenfarbig.

3 a) Welcher Satzbauplan liegt bei dem ersten Satz des Textes vor? Kreuze an.

☐ Hauptsatz – Nebensatz – 2. Nebensatz

☐ Nebensatz – Hauptsatz – Fortsetzung des Nebensatzes

☐ Hauptsatz – Nebensatz – Fortsetzung des Hauptsatzes

☐ Hauptsatz – Nebensatz – 2. Hauptsatz

b) Welcher Satzbauplan liegt bei dem letzten Satz vor?

---

4 Lies die Fortsetzung des Textes. Er besteht nur aus Hauptsätzen.

Freunde gehen miteinander bummeln und einkaufen in der Stadt. Gruppenzwang hat dabei einen Effekt auf das Kaufverhalten. Beim Online-Shopping bewirken
15 soziale Netzwerke Ähnliches. Soziale Netzwerke nehmen in ihrer Bedeutung kontinuierlich zu. Mittlerweile hat zum Beispiel die Mehrheit der Unternehmen eine eigene Fanpage auf Facebook. Diese Fanpage bietet eine Möglichkeit. Es können dort nämlich direkt Verkäufe ausgelöst werden. Oft verbreiten sich diese Informationen auch über Mundpropaganda. Käufer informieren sich beim Thema
20 „Shopping" auch bei Freunden. Käufer informieren sich bei Verwandten.

5 a) Welche Sätze können miteinander verknüpft werden? Unterstreiche sie.

b) Verbinde diese Sätze sinnvoll miteinander, z.B. mit Hilfe von Konjunktionen. Schreibe in dein Heft.

Den Textzusammenhang deutlich machen

Nachhaltig einkaufen und essen

Die Wertschätzung für Lebensmittel geht langsam verloren. Das sieht man auch daran, dass viel weggeworfen wird. Doch viele Verbraucher wollen etwas ändern. Die Verbraucher möchten umweltgerecht konsumieren und einkaufen. Die Verbraucher möchten dabei aber auch genussvoller leben. Ein nachhaltiger
5 Umgang mit Lebensmitteln ist oft gar nicht so schwer. Ein nachhaltiger Umgang mit Lebensmitteln muss auch nicht immer teurer sein – im Gegenteil. Wer beispielsweise weniger Essen wegwirft, spart eine Menge Geld.
Gerade bei Fleisch lohnt sich ein bewusster Einkauf. Experten sehen in der Massentierhaltung einen großen Klima- und Umweltsünder. Hinter Discounter-
10 preisen kann auch kein glückliches Huhn stecken. Fleisch von Biohühnern ist mindestens dreimal so teuer wie das von konventionell gezüchteten. Zwischen konventioneller Hühnermast und kostspieliger Biozertifizierung gibt es andere Haltungsformen. Es gibt beispielsweise andere Höfe. Diese Höfe bieten ihren Hühnern Auslauf und füttern ihre Hühner traditionell mit Küchenresten – ganz
15 ohne Siegel. Auch für Rinder gibt es traditionelle Haltungsformen. Bei diesen Haltungsformen hat man das Gefühl, das Tier habe zwar ein kurzes, aber gutes Leben. Auch wenn viele es nicht gerne lesen, gilt generell: Lieber weniger Fleisch essen, dann aber aus akzeptablen Haltungsformen.

1 Lies den Text und formuliere deinen ersten Leseeindruck. Ist der Text gelungen?

_____

2 An einigen Stellen kannst du den Text durch Satzverknüpfungen und die Vermeidung von Wiederholungen durch Pronomen verbessern. Markiere diese Stellen und verbessere sie.

_____

_____

_____

_____

_____

_____

Einen Text überarbeiten

1 Die Schüler/innen der Klasse 10 a sollen im Deutschunterricht eine Inhaltsangabe des Dramas „Der Besuch der alten Dame" von Friedrich Dürrenmatt schreiben. In diesem Textanfang eines Schülers sind Fehler und Mängel unterstrichen worden. Überarbeite den Text.

INFO
A: Ausdruck
G: Grammatik
(Kasus, Tempus,
Präposition, Lexik,
Numerus, Satzbau)

Inhaltsangabe	
„Der Besuch der alten Dame" ist ein Drama. Das Drama ist von Friedrich Dürrenmatt. Das Drama ist aus dem Jahr 1956. Sie spielt in der Kleinstadt Güllen in der Nähe der deutsch-schweizerischen Grenze und handelt über der Milliardärin Claire Zachanassian.	G (Satzverknüpfungen bilden), G (Pronomen), G (Präposition):
Claire Zachanassian kehrt nach Güllen zurück. Claire Zachanassian will sich dort an ihren ehemaligen Geliebten Alfred rächen.	A, G (Kasus):
Klara Wäscher wird in ihrer Jugend von ihrem damaligen Freund Alfred Ⅲ schwanger. Der Typ leugnet die Vaterschaft jedoch.	A:
Bei einem Prozess gegen Alfred gewinnt Alfred Ⅲ jedoch, indem er Zeugen besticht.	A:
Daraufhin verließ Klara die Kleinstadt Güllen verarmt und entehrt.	G (Tempus):
Über mehrere Ehen wird Klara sehr vermögend. Die Milliardärin nennt sich nun Claire Zachanassian.	G (Präposition):
Nach über 45 Jahren kehrt die alte Dame in ihrem Heimatort zurück.	G (Kasus):
Güllen ist inzwischen verkommen und schmutzig. Claires ehemaliger Liebhaber Alfred ist inzwischen 70 Jahre alt.	A:

Fit für die Prüfung!

Nachdenken über Sprache

1 Markiere im Text alle Nomen, Verben und Adjektive in je einer Farbe.

Viele Sachen, die eigentlich zum Wegwerfen zu schade sind, landen häufig dennoch im Müll. Man kann jedoch Sachspenden auch an wohltätige Einrichtungen geben. Diese reichen Spenden in der Regel kostenlos an Bedürftige weiter. Im Falle eines Weiterverkaufs kommen die Erlöse meist sozialen Projekten zugute.

2 Bestimme die Wortarten aller Wörter in diesem Satz.

Ein Käufer wirft benutzte Gegenstände nicht in den Müll.

_____

_____

3 a) Unterstreiche die Prädikate in den Sätzen.

Ein Käufer hat einen Gegenstand benutzt.
Er wirft diesen jedoch nicht weg, sondern gibt ihn weiter an andere Konsumenten.
Davon wird langfristig nicht nur der Kunde profitieren, weil er Geld spart, sondern auch die Umwelt, weil weniger Ressourcen verbraucht werden.
In der Vergangenheit machten sich noch nicht so viele Menschen Gedanken über Nachhaltigkeit.
Auch die Umwelt und die Industrie hatten noch nicht profitiert, bevor Kunden nachhaltiger einkauften, d. h. langlebigere, hochwertigere und teurere Gegenstände.
In der Zukunft werden wir jedoch noch umsichtiger einkaufen müssen.

b) Schreibe hinter jede Tempusform ein Beispiel aus den Sätzen.

Futur I: _____

Plusquamperfekt: _____

Präsens: _____

Präteritum: _____

Perfekt: _____

4 Kreuze an, ob die Angaben zu den Wortarten des Satzes richtig oder falsch sind.

Wenn Güter nachhaltig produziert werden, kann es auch sozial gerechter zugehen.

	richtig	falsch	richtige Wortart
wenn: Konjunktion			
Güter: Adjektiv			
nachhaltig: Adverb			
produziert: Verb			

5 **a)** Ergänze die fehlenden Kommas in den folgenden Sätzen.

b) Warum muss hier ein Komma stehen? Wähle zu jedem Komma die richtige Erklärung.

(1) Das Komma trennt Relativsätze von Hauptsätzen.

(2) Das Komma trennt Aufzählungen.

(3) Das Komma steht vor Konjunktionen.

(4) Das Komma trennt Hauptsätze.

Satz	Erklärungen
Das Zuhause Familie oder Freunde verbinden wir häufig mit dem Begriff „Heimat".	
Heute ist Heimat für den einen der Stadtteil aus dem er stammt.	
Für den Nächsten ist es an gar keinen speziellen Ort gebunden sondern z.B. an das vertraute Essen.	
Damit man ein positives Gefühl von Heimat entwickeln kann muss man sich in jedem Fall vertraut und wohlfühlen.	
Die Muttersprache macht ebenfalls immer ein Stück Heimat aus in ihr denken fühlen und träumen wir oft.	

Achtung Fehler!

6 Welche Aussagen über den folgenden Satz sind richtig bzw. falsch? Kreuze an.

Der Begriff „Heimat" verweist oft auf eine Beziehung zwischen Mensch und Raum, wobei mit „Raum" dabei meist der Ort gemeint ist, in den ein Mensch hineingeboren wird und in dem die frühesten Erlebnisse stattfinden, die den Menschen prägen.

Der Satz ...	richtig	falsch
... besteht aus einem Satzgefüge.		
... enthält mehr als einen Nebensatz.		
... besteht aus einer Satzreihe.		
... enthält mehr als einen Hauptsatz.		

7 Bestimme die Satzglieder des folgenden Satzes.

Wegen ihres großen Heimwehs während ihres Au-pair-Jahres telefonierte Sarah jeden Abend mit ihren Eltern oder Freunden.

Satzglied	Satzgliedbezeichnung

Eigene Fehler erkennen und korrigieren

Die Fehleranalyse/Rechtschreibstrategien nutzen

Die Fehleranalyse
Lege eine Tabelle mit drei Spalten an:

korrigiertes Fehlerwort	Fehlerart/ Erklärung	Strategie zur Fehlervermeidung
beim Bau	Nominalisierung → groß	Ich erkenne die Nominalisierung am verschmolzenen Artikel.

Notiere in der dritten Spalte Regeln und Tipps für die richtige Schreibung, z. B.:
- Groß- und Kleinschreibung:
  Achte auf Nomensuffixe: *-ung, -keit* ... (also groß)
  Achte auf Nomenbegleiter/-signale: *beim, am, etwas, viel* ... (also groß)
  Wende die Artikel-/Pluralprobe an: *Drittel → das Drittel* (also groß)
  Steigere das Wort: *glücklich → am glücklichsten* (Adjektiv, also klein)
- Schlage Fremdwörter im Wörterbuch nach.
- Getrenntschreibung:
  Meist schreibt man Verbindungen (Verb + Verb, Nomen + Verb, Adjektiv + Verb, Verbindungen mit *sein*) getrennt. Schlage im Zweifelsfall im Wörterbuch nach.
- Gleich und ähnlich klingende Laute:
  Suche ein verwandtes Wort: *Gemäuer → Mauer* (also mit *äu*)
  Verlängere das Wort: *rund → runder* (also mit *d*)
  Achte auf typische Satzanfänge: *Sie meint, dass.../Es ist klar, dass* ... (also *dass*)
- Kommasetzung:
  Mache die Ersatzprobe: Das Relativpronomen *das* kann man durch *welches* ersetzen, die Konjunktion *dass* hingegen nicht.
  Achte auf Konjunktionen: *aber, denn, doch, dass, weil, wenn* ...
  Achte auf einleitende Wörter in Infinitivsätzen: *um, ohne, statt, als* ...
  Achte auf Relativpronomen: *der, die das, welche, welches* ...

1 Lies den Textanfang Satz für Satz. Präge dir jeweils einen Satz ein, decke ihn mit einem Blatt Papier ab und schreibe ihn in dein Heft. Verfahre so mit dem gesamten Text.

Weltwunder der Natur

die UNESCO:
Organisation der
Vereinten Nationen
für Erziehung,
Wissenschaft und
Kultur

Das Great Barrier Reef vor Queensland in Australien gilt als eines der Weltwunder der Natur und übt immer wieder aufs Neue eine Anziehung auf Touristen und Taucher aus aller Welt aus. Doch nicht nur die Urlauberströme bedrohen die Korallenwelt, warnt die UNESCO*. Des Weiteren bedrohten die industrielle Entwicklung
5 des Landes und der Kohleabbau das Weltnaturerbe, sodass die UNESCO Australien eine Warnung ausspach, das Riff stärker zu schützen.
Sollte sich im Übrigen die Lage nicht bessern, würde das Riff vor der Ostküste Australiens über kurz oder lang auf die Liste der gefährdeten Welterbestätten kommen, so das UNESCO-Komitee. Australien müsse das Problem sehr ernst
10 nehmen. Es unternehme zu wenig, um das empfindliche Ökosystem vor den Schäden durch Tourismus sowie den Abbau von Kohle und Gas zu bewahren. Im Grunde müsse man schon jetzt Angst haben um die Zukunft des Riffs, denn es könne irgendwann aus sein mit dem Status des Weltnaturerbes. Heutzutage besuchen jährlich etwa zwei Millionen Menschen das Riff. Vor allem sollten an der
15 Küste nahe des Riffs keine neuen Häfen mehr gebaut werden, warnt die UNESCO.

2 Kontrolliere deinen Text mit Hilfe des Originaltextes. Unterstreiche Fehlerwörter.

3 Untersuche deine Fehlerwörter. Übertrage die Tabelle zur Fehleranalyse in dein Heft.

korrigiertes Fehlerwort	Fehlerart/Erklärung	Strategie zur Fehlervermeidung

4 Lies die Fortsetzung des Textes. Sie enthält Rechtschreib- und Zeichensetzungsfehler. Markiere alle Fehler und verbessere sie. Notiere das korrigierte Fehlerwort rechts neben dem Text und korrigiere Zeichenfehler direkt im Text.

Australien soll nun zuerst einen Bericht über die umsetzung der Schutzmassnamen vorlegen. Danach will die UNESCO eine entscheidung über den Listeneintrag trefen.

R, R, R, R: _____

5 Zudem *fordert* das Welterbekomitee dass eine unabhengige Untersuchung in bezug auf die Vertiefungsarbeiten im Hafen von Gladstone in Queensland statt findet.

Z, R, R, R: _____

Auch die auswirkungen beim bau eines Gas-
10 terminals, das auf der benachbarten Curtis-Insel entsteht, sollen nach Ansicht der UNESCO nochmals deteilliert untersucht werden.

R, R, R: _____

Australien ist der weltgrößte Kohleexportör. Ein grosser Teil wird speziel von Häfen nahe
15 des Great Barrier Reefs verschift.

R, R, R, R: _____

In Australien wurde die UNESCO-Kritick im übrigen scharf zurück gewiesen.

R, R, R: _____

Man werde die Umwelt schützen aber die wirtschaftliche Zukunft nicht außer acht
20 lassen oder gefärden.

Z, R, R: _____

5 Die Textfortsetzung enthält sieben Rechtschreib- und zwei Kommafehler. Markiere sie.
Ordne die Aussagen (1) bis (9) den Fehlern in den Zeilen 1 bis 8 zu.

Nach Angaben des Umweltministers kann sein Lant einige der Empfehlungen aus dem UNESCO-Bericht nicht umsetzen da die genehmigungen für die betroffen Infrastrukturprojekte bereits erteilt worden seien. Der Umweltminister reumte ein dass sich das Great Barrier Reef an einem „Scheideweg" befinde. Seine regierung
5 sei sich der Herausforderungen bewußt. Der Umweltminister reagiere darauf mit einer Reihe von Ansetzen zu Land und zu Wasser. Unterstützung für die UNESCO kam von der Umweltorganisation Greenpeace. Die Aktivisten fordern seit Jahren immer wieder einen sterkeren Schutz des Ökosystems Great Barrier Reef.

(1) kurzer, betonter Vokal → ß
(2) kommt von *stark* → *ä*
(3) Nebensatzkonjunktion *da* → also Komma
(4) verlängern → *g*
(5) Begleiter (Pronomen) davor → Nomen, groß

(6) verlängern→ *d*
(7) dass-Satz → Komma
(8) im Singular *a* → *ä*
(9) ableiten *au* → *äu*

Groß- und Kleinschreibung

> **Groß- und Kleinschreibung**
>
> **Groß** schreibt man alle **Satzanfänge**, **Nomen**, **Namen**, **Nominalisierungen** und **festen Wendungen**.
> **Klein** schreibt man alle **Verben**, **Adjektive** und **Pronomen**.

1 Ergänze die Wörter in richtiger Groß- und Kleinschreibung.

Beim _____ (FAHREN) auf der A9 stockt der Verkehr. Doch Nico Kämpchen sitzt

entspannt hinterm Steuer, denn ihm steht ein Pilot zur _____

(VERFÜGUNG) – ein ganzer Kofferraum voller _____ (RECHNER),

Netzwerktechnik, Laser, Ultraschall, Kameras und GPS _____

(SORGEN) dafür, dass sein Fahrzeug von _____ (ALLEIN) fährt.

Das _____ (DRÜCKEN) des Knopfes für den Automatik-Modus bewirkt,

dass die Limousine Gas gibt, bremst oder beschleunigt. Ingenieur Kämpchen hatte

offensichtlich Erfolg beim _____ (KNACKEN) des Rätsels

eines _____ (SELBSTSTÄNDIGEN) Automobils. Dies sei für den

Ingenieur schon als Kind eine große _____ (FASZINATION) gewesen.

2 Überprüfe die richtige Groß- und Kleinschreibung. Kreise die Fehler ein.

Die Technik kann sensationelles. Der Ingenieur hat seinem system sogar etwas neues beigebracht – auf den verkehr links und rechts zu achten. Selbst das überholen langsamerer fahrer schafft der Prototyp mit maximal 130 Stundenkilometern. Beim einfädeln anderer Autos auf die Autobahnauffahrt wechselt er sogar die Spur.
Das Ziel des Ingenieurs ist die vermeidung von Staus und Kollisionen auf immer volleren Straßen.

3 Ordne jedem Fehlerwort eine passende Strategie (1) bis (7) zur korrekten Schreibung zu.

1 Wer viele Jahre im <u>v</u>oraus Autos für die Zukunft entwickelt, nimmt nur indirekt Einfluss auf das Straßenbild.
2 Eine technische Neuerung von heute kommt nicht schon <u>M</u>orgen auf den Markt.
3 In der Vorausentwicklung wird viel <u>s</u>chönes und technisch <u>a</u>nspruchsvolles angeboten.
4 Die <u>e</u>ntscheidung, was schließlich über unsere <u>s</u>traßen fährt, treffen <u>i</u>ngenieure nicht allein, sondern erst das Management einer Firma und dann der Kunde.

(1) Ich achte auf Nomensuffixe.
(2) Ich achte auf Artikel als Begleitwort.
(3) Ich achte auf Adjektive als Begleitwort.
(4) Ich achte auf Pronomen als Begleitwort.
(5) Ich achte auf Mengenangaben als Begleitwort.
(6) Ich denke mir ein Begleitwort dazu.
(7) Ich achte auf eine Zeitangabe, die ein Zeitadverb ist und kein Nomen.

Getrennt oder zusammen?

> ## Getrennt- und Zusammenschreibung
>
> **Getrennt** schreibt man meistens **Verbindungen aus Nomen und Verb** (z. B. Rad fahren, Angst haben), **Verb und Verb** (z. B. sitzen bleiben, liegen lassen), **Adjektiv und Verb** (z. B. frei sprechen), **Adverb und Verb** (z. B. zusammen essen) und **Verbindungen mit sein** (z. B. schuld sein, los sein).
>
> **Zusammen** schreibt man **besondere Verbindungen aus Adjektiv und Verb** bzw. **Adverb und Verb**, wenn sie ein **Wort mit neuer Bedeutung** darstellen, z. B.:
> - Adjektiv und Verb: *freisprechen (Der Richter wird ihn freisprechen.);*
> - Adverb und Verb: *zusammenbleiben (Sie wollen zusammenbleiben/ein Paar sein).*

1 Markiere im folgenden Text zehn Beispiele für verschiedene Wortverbindungen.

Schlafen und Kraft tanken

Wenn wir schnell laufen, können wir das ein paar Minuten – manche länger,
manche kürzer. Müde sein – das gehört bei körperlicher Anstrengung oft dazu
und dass die Muskeln schlapp machen ebenso. So ähnlich ist es auch, wenn wir
z. B. nicht unbedingt Sport treiben, sondern einfach nur unseren Tag leben und
5 z. B. spazieren gehen oder andere Dinge tun – wir bekommen viele Eindrücke
und müssen uns mit vielem auseinandersetzen: Unser Körper riecht, sieht, hört,
schmeckt und fühlt alles Mögliche. Daraus lässt sich schlussfolgern, dass er
irgendwann müde wird und sich ausruhen muss.
Im Schlaf regeneriert sich der Körper: Wachstumshormone bauen Muskelkraft
10 auf, Reparaturstoffe durchdringen die Haut, das Immunsystem tankt neue
Kraft und das Gehirn verarbeitet die Reize des Tages.
Wer viel leisten will, muss auch viel schlafen. Es bringt also nichts,
seinen Schlaf zu opfern, um mehr Zeit fürs Lernen oder Arbeiten zu gewinnen.
Denn Müdigkeit führt dazu, dass der Mensch sich weniger merken kann,
15 eine geringere Kontrolle über seine Aufmerksamkeit hat und sich schwertut
mit dem Merken von Wörtern und das Gelernte schwerer wieder abrufen kann.

2 Ergänze passende Wörter aus der Randspalte in der richtigen Schreibung.
Denke dabei über die Wortbedeutung nach. Ist sie neu, dann schreibe zusammen.

Wir können selbst _____ auf unsere Gesundheit.

Dazu gehört nicht nur ausreichender Schlaf, damit wir wieder

_____ können.

Wenn wir z. B. Impfungen _____, können wir uns gegen viele

Infektionskrankheiten schützen. Wir müssen uns mit unserem Lebensstil

_____. Jeder kann _____, dass z. B. ungesunde

Ernährung und zu wenig Bewegung auf Dauer häufig Fettleibigkeit und Folge-

krankheiten verursachen und dass man Schlafmangel auf Dauer nicht lange

_____ kann.

SCHLUSS/
FOLGERN, AUS/
HALTEN,

ERNST/
NEHMEN,
AUSEINANDER/
SETZEN,

AUF/TANKEN,
EINFLUSS/
NEHMEN

Kommas richtig setzen

Papergirls

Kunst beschränkt sich längst nicht mehr auf Museen und Galerien. Sie erobert auch den öffentlichen Raum.

Streetart kommt in den verschiedensten Formen vor. Sie kommt an der Häuserwand oder als wildes Plakatieren vor.

5 Streetart passiert oft im Schatten der Illegalität. Für manche macht vor allem das den entscheidenden Kick aus.

Die junge Streetart-Künstlerin Aisha Ronniger hingegen verteilt Kunst legal im öffentlichen Raum. Dafür sammelt sie Werke von Künstlern aus aller Welt.

Sie stellt sie zunächst zum Anfassen in einer Galerie aus. Dann schwingt sie sich
10 zusammen mit Freiwilligen aufs Fahrrad.

Die Kolonne der „Papergirls" rast durch Berlin und wirft Passanten Papierrollen vor die Füße. Darin finden sich z.B. Collagen, Fotografien, Skizzen und Drucke.

Es zählt der Überraschungseffekt: Der Beschenkte kann kaum reagieren. Denn die Papergirls sind meist schon hinter der nächsten Straßenecke verschwunden.

1 Forme je zwei Hauptsätze in eine Satzreihe oder ein Satzgefüge um.
Setze die nötigen Kommas. Schreibe den überarbeiteten Text in dein Heft.

2 Lies die Fortsetzung des Textes. Ergänze die fehlenden Kommas im Text.

Von der Betonwand zur Leinwand

Wohnen und arbeiten diese Formel gilt immer seltener für Innenstädte. ___
Wohnraum verschwindet in den Innenstädten dominieren Büros und Geschäfte. ___
Wo tagsüber Betriebsamkeit herrscht herrscht abends gähnende Leere.
Was dann? ___
Mach Kunst draus! „A wall is a screen" eine Gruppe von Menschen, wandelt in ___
der Innenstadt umher stoppt an kahlen hellen Wänden und schaut verschiedene Kurzfilme. ___
Die Umgebung verleiht den Filmen eine ganz neue Wirkung wenn eine echte ___
Polizeisirene aufheult oder es plötzlich zu regnen beginnt.
Jugendzentren laden zum legalen Besprühen ihrer Wände ein um sie zu verschönern. ___
Großstädte stellen freie Flächen zur Verfügung Museen lassen ihre Fassaden besprühen. ___

3 Notiere hinter jedem Satz die passende Strategie, die du zur Zeichensetzung anwendest.

A Das Komma trennt Hauptsätze.
B Das Komma trennt Haupt- von Nebensatz.
C Das Komma steht in Aufzählungen.

D Das Komma steht bei Einschüben.
E Das Komma steht bei Infinitiv-gruppen.

Richtig schreiben

Richtig zitieren

1 Lies den Anfang der Kurzgeschichte „Apotheke Vita Nova" von Josef Reding.

Josef Reding

Apotheke Vita Nova

Es war ein abgegriffener Zettel, den Munnicher dem einarmigen Apotheker hinhielt. Munnicher trug das aus einem Notizbuch gerissene Blatt schon seit Wochen in der Jackentasche und hatte oft danach gegriffen. Ein paar Gifte standen darauf. Pflanzenschutzgifte, die Erwachsenen ohne Umstände verkauft werden.

5 Munnicher wollte das Gift nicht für Pflanzen. Munnicher wollte es für sich, für die zertretene, weggeworfene Menschenpflanze Munnicher. Er war in diese abgelegene Apotheke gegangen, weil er in den kaltprächtigen Medikamenten-palästen aus Plastikmasse, Nickel und Neon seinen Wunsch nicht vorbringen mochte.

10 „Eins davon", sagte er.
Der Apotheker schaute Munnicher vom zurückweichenden Haaransatz bis zum nachlässig gebunden Schlips an. Er merkt, dass ich aus dem Gefängnis komme, dachte Munnicher. Er sieht es an dieser ausgebleichten Haut, in der jede Pore drei Jahre lang nach Sonne geschrien hat. Aber heute Nacht kommt die Sonne ja, dachte er. Dann kommt die große Helle von innen. […]

2 Was erfährst du über das Aussehen und die Lebensumstände der Figur „Munnicher"? Zitiere dabei die markierten Textstellen ganz oder teilweise und mache Zeilenangaben.

Zu Beginn der Erzählung fühlt sich Munnicher …

Er sieht sich als …

Munnicher denkt, dass …

Über Munnichers Vorgeschichte erfährt man, dass …

Fit für die Prüfung!

Richtig schreiben

1 a) Markiere die acht Rechtschreib- und zwei Zeichensetzungsfehler im Text.

b) Schreibe die verbesserte Schreibweise unter die Fehler und korrigiere die Zeichensetzungsfehler im Text.

Schon seit Hunderten von Jahren gälten Schornsteinfeger als Glücksbringer.

_____

Auch auf Dächer klettern sie noch und seubern die Kamine. Sie wirken ein wenik

_____

aus der Zeit gefallen, in der schwarzen Kleidung, den Besen über der Schulter.

_____

Man könnte meinen, der Jop hätte sich in den vergangenen Jahrzehnten nicht ein

_____

bißchen geändert, dabei säubern Schornsteinfeger lengst nicht mehr nur Kamine

_____

sondern sind Experten in Sachen Umweltschutz und Energieeinsparunk.

_____

„Natürlich gehört es weiterhin zum Job, auf Dächer zu klettern aber das ist noch

_____

lange nicht alles!", stellt Kai Herlt klar. Für ihn ist das Schornsteinfegerwesen.

_____

seine „berufung".

_____

2 Die Fortsetzung des Textes enthält ebenfalls Rechtschreib- und Zeichensetzungsfehler. Markiere und verbessere sie. Notiere das korrigierte Fehlerwort rechts neben dem Text und korrigiere Zeichenfehler direkt im Text.

„Wir sind die Robin Hoods der Umwelt." beschreibt Herlt seine Arbeit.　　　　Z, Z: _____

Er ist darüber hinaus auch als eine Art Energieberater unterwegs wenn er Tipps zum Energie sparenden heizen gibt.　　　　Z, R: _____

3 Nenne eine passende Strategie (1) bis (5), die du zur korrekten Schreibung des markierten Wortes anwendest.

(1) Ich achte auf die Vokallänge.

(2) Ich mache die Artikelprobe.

(3) Ich suche ein verwandtes Wort.

(4) Ich achte auf Nomensuffixe (-ung, -keit, ...).

(5) Ich mache die Verlängerungsprobe und beachte die Endung.

☐ Ohne Energie steht alles still. Kein Computer fährt hoch, kein Wasser wird warm, kein Licht brennt.

☐ Hierzulande liegt der Energiebedarf von jedem von uns doppelt so hoch wie im weltweiten Durchschnitt.

☐ Die meiste Energie fließt in die Heizung, außerdem in Licht und in Waschmaschine, Herd und Fernsehen.

☐ Den Großteil an Energie liefern fossile Energieträger wie Öl, Kohle und Gas.

☐ Sie gibt es aber nicht bis in alle Ewigkeit.

☐ Außerdem ist ihre Verwendung mit hohen CO_2-Emissionen verbunden, die dem Klima schaden.

☐ In Deutschland wird angestrebt, dass die Energieversorgung 2050 überwiegend durch erneuerbare Energien gewährleistet werden soll.

4 a) Ergänze die fehlenden Kommas in den Äußerungen zum Thema „Umwelt und Energie".

b) Ordne den Sätzen die passende Strategie zu.

Satz mit Rechtschreibproblem

☐ „Wir sparen Energie und zwar heizen wir bei uns zu Hause sehr wenig."

☐ „Ich nutze öffentliche Verkehrsmittel trenne Müll und achte auf eine nachhaltige Ernährung."

☐ „Unser Haus hat eine ökologische Heizung die unter anderem durch Erdwärme gespeist wird."

☐ „Ich selbst mache für den Umweltschutz eher nicht so viel aber in der Schule haben wir einen Informationstag zum Thema „Wasser sparen" ausgerichtet."

☐ „Ich nehme an Anti-Atomkraft-Demos teil um meine Unterstützung zu zeigen."

Strategie zur Fehlervermeidung

(1) Ich achte auf die Aufzählung.

(2) Ich achte auf das Relativpronomen.

(3) Ich achte auf das einleitende Wort im Infinitivsatz.

(4) Ich achte auf die Konjunktion.

(5) Ich achte auf die nachgestellte Erläuterung.

Achtung Fehler!

5 Korrigiere im Satz, der ein Zitat (kursiv) enthält, die Zeichensetzung und die Zeilenangaben.

Als er am nächsten Morgen die Apotheke betrat, *war Munnicher [...] noch immer nicht rasiert"* (64).

Textquellenverzeichnis

S. 4 f.: Amann, Susanne; Koch, Julia: Heilkraft der Mikroben. Aus: Der Spiegel 42/2010, S. 180 – 182 | S. 5 f.: Szentpétery, Veronika: „Functional Food ist eine Täuschung". Aus: http://www.spiegel.de/wissenschaft/mensch/verbraucherschuetzer-thilo-bode-functional-food-ist-eine-taeuschung-a-723197.html. © Technology Review, Heise Zeitschriften Verlag, Hannover (Download: 19.12.2012) | S. 12: Schulze, Katrin: Der faire Handel boomt. Aus: http://www.tagesspiegel.de/wirtschaft/das-geschaeft-mit-der-gerechtigkeit-der-faire-handel-boomt/5918078. html (Download: 19.12.2012) | S. 13: Schulze, Katrin: „Das gute Gewissen kauft mit". Nach: Schulze, Katrin: Das gute Gewissen kauft mit. http://www.tagesspiegel.de/wirtschaft/fair-trade-produkte-das-gute-gewissen-kauft-mit/5918080.html (Download: 19.12.2012) S. 18 ff.: Borchert, Wolfgang: Nachts schlafen die Ratten doch. Aus: Borchert: Das Gesamtwerk. Rowohlt Verlag, Reinbek bei Hamburg 1985 S. 32: Wells, Benedict: Gefangen in der Zeit. Aus: Mit Geschichten durchs Jahr. Ein literarischer Kalender mit 365 Geschichten. Diogenes, Zürich 2011, S. 534–535 | S. 36 ff.: Bioprodukte: Wo Bio schwach ist und wo stark. Nach: Zeitschrift Test 10/2007 vom 27.09.2007; Hrsg: Stiftung Warentest | S. 51 ff.: Lichtenberg, Arne: Ist Wählen mit 16 cool? : Nach: Lichtenberg, Arne: Ist Wählen mit 16 cool? Aus: http://www.dw.de/ist-w%C3%A4hlen-mit-16-cool/a-15924306-1 (Download: 19.12.2012) | S. 62: Berufsausbildungsvertrag der Handelskammer Hamburg (Ausschnitt). Aus: http://www.hk24.de/linkableblob/352778/.6./data/ausbildungsvertrag2-data.pdf (Download: 19.12.2012) S. 64: Teil (B) Bestellung von Miropa-Artikeln. Nach: http://www.zalando.de/agb (Download: 19.12.2012) | S. 68 f.: Wer vor der Vergangenheit die Augen verschließt, wird blind für die Gegenwart! Auszug aus der Ansprache des Bundespräsidenten Richard von Weizsäcker am 8. Mai 1985 im Plenarsaal des Deutschen Bundestages zum 40. Jahrestag der Beendigung des Zweiten Weltkrieges. Aus: http://webarchiv.bundestag.de/archive/2006/0202/parlament/geschichte/parlhist/dokumente/dok08.html (Download: 19.12.2012) S. 72: Krug, Wolfgang; Tully, Claus J.: Der Jugendalltag ist kommerzialisiert. Nach: Krug, Wolfgang; Tully, Claus J.: BINK (Bildungsinstitutionen und nachhaltiger Konsum): Jugend und Konsum – Eindrücke aus dem aktuellen Stand der Jugendforschung und die Ergebnisse aus den BINK-Gruppendiskussionen, S. 3–4. Kontakt: Wolfgang Krug (krug@dji.de) und Claus J. Tully (tully@dji.de) | S. 73: Krug, Wolfgang; Tully, Claus J.: Nicht-Konsum ist keine Option. Nach: Krug, Wolfgang; Tully, Claus J.: BINK (Bildungsinstitutionen und nachhaltiger Konsum): Jugend und Konsum – Eindrücke aus dem aktuellen Stand der Jugendforschung und die Ergebnisse aus den BINK-Gruppendiskussionen, S. 5. Deutsches Jugendinstitut e.V. (DJI) München | S. 74: Behrndt, Andreas: Strategien zur Einflussnahme von Supermärkten auf das Kaufverhalten. Nach: Behrndt, Andreas: Beeinflussung des Kaufverhaltens im Supermarkt und Entwicklung von Markenbewusstsein durch Werbestrategien, S. 3. | S. 75: Mathea, Christian: Einkaufen im Internet. Nach: Mathea, Christian: Einkaufen im Internet. http://www.news.de/wirtschaft/855075635/die-tricks-der-online-shops/1/ (Download: 19.12.2012) | S. 76: Kreutzer, Katja: Nachhaltig einkaufen und essen. Nach: Kreutzer, Katja: Nachhaltig einkaufen und essen. Aus: http://www.wdr.de/tv/servicezeit/sendungsbeitraege/2012/kw22/0601/01_nachhaltigkeit.jsp (Download: 19.12.2012) | S. 78: Bergt, Svenja: Viele Sachen ... Nach: Bergt, Svenja: Biete Fahrradschloss, suche Pilatesball. Nach: Sonntag vom 4.12.2012, S. 23. | S. 79: Das Zuhause ... Nach: http://www.schekker.de/content/heimat (Download: 19.12.2012) | S. 80: Weltwunder der Natur. Nach: http://www.sueddeutsche.de/reise/unesco-warnt-australien-great-barrier-reef-in-gefahr-1.1373924 (Download: 19.12.2012) © Süddeutsche.de/dpa/AFP/kaeb/mri | S. 82: Graven, Julia; Kaufmann, Matthias: Beim Fahren ... Nach: Graven, Julia; Kaufmann, Matthias. Aus: http://www.spiegel.de/karriere/berufsleben/autos-der-zukunft-woran-deutsche-ingenieure-tuefteln-a-786340-2.html (Download: 19.12.2012) | S. 83: Bold, Michaela, Scheifinger, Anja, Dumas, Kristina, Schmaus, Geli, Dillmann, Elke; Schulz, Börnie; Gentner, Tina; Böhm, Ursel; Wichert, Simone; Brehm, Beate; Richter, Kristina; Schmidt-Thrö, Silke: Schlafen und Kraft tanken. Nach: dies.: Schlafen und Kraft tanken. Aus: http://www.br-online.de/kinder/fragen-verstehen/wissen/2004/00428/ (Download: 19.12.2012) | S. 84: Ilg, Laura: Papergirls/Von der Betonwand zur Leinwand. Nach: Ilg, Laura: Papergirls und Garten-Piraten. Aus: http://www.schekker.de/content/von-papergirls-und-garten-piraten (Download: 19.12.2012) | S. 86: Reding, Josef: Apotheke Vita Nova. Aus: Elisabeth Antkowiak (Hrsg.): Die Stunde dazwischen. St. Benno, Leipzig 1969. | S. 87: Bulle, Franziska: Schon seit Hunderten von Jahren ... Nach: Bulle, Franziska: Robin Hood der Umwelt. Aus: http://www.schekker.de/content/robin-hood-der-umwelt (Download: 19.12.2012)

Bildquellenverzeichnis

S. 7: © ipsos | S. 13: TransFair e.V. | S. 40: © TNS-Infratest | S. 71: Martin Zak, Köln

Redaktion: Dagmar Arioli, Annika Kusumi

Bildrecherche: Angelika Wagener

Illustration: Annette Köhn, Berlin

Umschlaggestaltung: Visuelle Gestaltung Katrin Pfeil, Mainz

Layout und technische Umsetzung: Buchgestaltung +, Berlin

www.cornelsen.de

PEFC-zertifiziert
Dieses Produkt stammt aus nachhaltig bewirtschafteten Wäldern und kontrollierten Quellen

PEFC/32-31-076   www.pefc.pl